Antonio Elster

Fachl. Berat.: Dipl.-Psych. G. Spalliere

AF285933

Allein gelassen ?
Die ExLiebe wiedergewinnen
...und zusammen bleiben !

2. aktualisierte Auflage 2010
(1. Auflage 2003)

IO

Gedruckte Zahlen-, Preis-, Adreß-, Verfahrens- und alle sonstigen Angaben und Darstellungen können sich schnell ändern, Fehler können geschehen und die persönlichen Ausgangsvoraussetzungen der Leser sind im Allgemeinen sehr verschieden. Daher dienen alle Angaben in diesem Buchtitel lediglich der Orientierung:
Sie stellen keine Empfehlung oder Anleitung für konkrete Vorgehensweisen dar. Sie erheben keinen Anspruch auf Vollständigkeit. Und sie sind ausschließlich als unverbindliche Information zu verstehen, wobei der Leser in jedem Fall gebeten und gehalten ist, sich ausführlich weitergehend zu informieren. Die eventuelle Verwendung von hier beschriebenen Daten und Verfahren erfolgt auf eigenes Risiko. Eine Haftung des Autors und des Verlages für Personen-, Sach-, Vermögens- und alle anderen Schäden ist ausnahmslos ausgeschlossen. Druck- und andere Fehler bleiben vorbehalten.
Das Urheberrecht sowie sämtliche weiteren Rechte an diesem Buchtitel sind ausschließlich dem Autor vorbehalten. Jeder Fall

- von Nachdruck oder allen anderen Arten der Vervielfältigung,
- von vervielfältigter Zuverfügungstellung oder Inhaltsnutzung,
- von Zuverfügungstellung oder Inhaltsnutzung in elektronischen Medien wie, aber nicht beschränkt auf: Internet - einschließlich der auszugsweisen Textverwendung in Internet-Diskussionsforen -, Fernsehübertragungen, Radioübertragungen, Daten-Streams,
- von Übertragung auf elektronische Datenträger wie, aber nicht beschränkt auf: DVD, CD, Speicherkarte, Speicherbaustein, Computerfestplatte, Diskette, Magnetband,
- von Weiterverarbeitung oder Weiternutzung wie, aber nicht beschränkt auf: Übersetzung, Konvertierung in eine beliebige elektronische Form, Anfertigung einer elektronischen Datei, Verbreitung als Hard- oder Softcopy

dieses Buches, oder einzelner Teile daraus, **ist ausdrücklich <u>nicht</u> gestattet: Jeder Einzelfall der wie immer gearteten Nutzung von grafischen oder textlichen Inhalten ist ohne schriftliche Genehmigung des Autors unzulässig, strafbar, und wird sowohl strafrechtlich als auch zivilrechtlich verfolgt.**

Antonio Elster:

Allein gelassen ?
Die ExLiebe wiedergewinnen...und zusammen bleiben

© 2003, 2009, 2010 Antonio Elster. Alle Rechte vorbehalten. Zweite deutsche, aktualisierte Auflage. Titelbild/Einbandgestaltung Antonio Elster. Herstellung und Verlag BOD GmbH, Norderstedt. ISBN 978-3-8330-0692-0. Printed in Germany 2010.

Für den Tag,

*an dem
die Sonne
wieder scheint !*

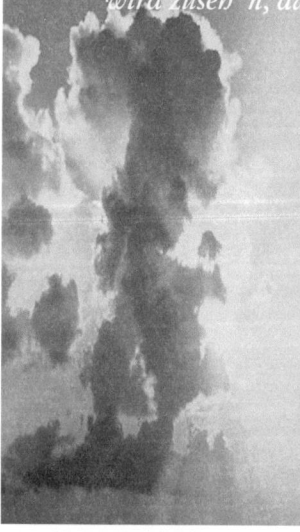

Himmelsmacht

Die Sterne auf ihr´n Kreisen wandern
durch unsichtbare Kraft von andern
Wenn's Himmelsmacht dann so gefällt
der Pfad nicht mehr zusammenhält.

Ein Sternlein funkelt unentschieden
ist hin- und hergerissen
„Ach, könnt' ich doch..“
und „Wär' bloß nur..“
und muß ich denn was missen?

Sternleins Gefühle sind verständlich
gar manches ist nur zu vergänglich
Doch Himmelsmacht ist gut, nicht böse
wird zuseh´n, daß der Fall sich löse...

EAE 2001

Drei kleine Zauberinnen

Vor Urzeiten schon – damals, als sich die ersten Menschen auf der Erde einrichteten – da kamen drei kleine Zauberinnen aus den unergründlichen Weiten des Himmels auf unseren Planeten Erde geschwebt. Sie nannten sich »Die drei Fau´s«, und so heißen sie noch immer: Die drei quirligen, lustigen Schwestern sind den Menschen bis zum heutigen Tag treu geblieben.

Verspielt und hübsch und süß sind sie – falls sie denn einmal zu sehen sind. Doch das geschieht recht selten. Denn die drei kleinen Rabauken nennen viele sonderbare Fähigkeiten ihr eigen. So können sie sich beispielsweise unsichtbar machen. Und, man stelle sich nur vor: Sie tun es auch. Andere ihrer Eigenschaften und Fähigkeiten sind ebenfalls eindeutig nicht von unserer Welt. So ist es zum Beispiel merkwürdig, daß die Erste der Schwestern die Jüngste ist ! Die Zweite ist ein wenig älter als sie. Und die Dritte schließlich, die ist noch ein bißchen älter als die Zweite.

Doch all diese Sonderbarkeiten brauchen niemanden zu stören. Im Gegenteil. Die Fau-Geschwister sind kleine Verzauberinnen, die ihren lieben Tag nur einen Gedanken im Sinn haben: Nämlich soviel Menschen wie möglich von ganzem Herzen glücklich zu machen.

Um diese anstrengende Aufgabe erfüllen zu können, besuchen sie uns Erdenbewohner. Ganz viele, gleichzeitig. Es bleibt den Fau's ja auch gar nichts anderes übrig: Wo sie doch nur drei sind, es aber unzählige Menschen auf der Welt gibt. Leicht vorzustellen, daß sie sehr viel zu tun haben. Zum großen Glück hilft ihnen dabei eine weitere, uns Menschen ziemlich merkwürdig erscheinende Fähigkeit: Ganz nach Belieben nämlich können die Fau`s über große Entfernungen bald hierhin, bald dorthin hüpfen, sich trennen und auch wieder zusammenkommen – wenn's nötig ist, in einem winzigkurzen Augenzwinker-Augenblick.

Haben die Schwestern dann wieder einmal einen neuen Menschengast ausgewählt, um über ihm ihre Glücklichkeit auszustreuen, dann kann der Besuch das ganze Menschenleben lang dauern. Zeit und Ort, diese irdischen Schranken der Menschen, die spielen für die Fau´s nämlich auch keine Rolle. Da wundert es natürlich nicht, daß die drei Feen von den Erdenbewohnern über alle Maßen geschätzt, ja fast angehimmelt werden: Ob arm oder reich, ob alt oder jung – jeder Mensch ist froh und sehr glücklich, sobald er vom Besuch einer Fau erfährt. Bei diesen Besuchen kommt die Jüngste der drei Schwestern immer zuerst. Ganz allein. Um das Terrain zu testen, sozusagen. Sie bleibt dann unterschiedlich lang. Und falls sie nach einiger Zeit entscheidet, dem Menschengast auch ihre Schwestern vorzustellen – was übrigens keineswegs selbstverständlich ist – dann sind die Besuchten sogar noch glücklicher. Ja, auf ihre Art sind die Fau`s die reinsten Engel.

Manchmal geschieht es, daß die Menschen ungeduldig werden. Und nicht lange warten wollen, bis sie von einer Fau besucht werden. So rasch wie möglich sollen die Schwestern erscheinen. Doch ganz so einfach ist das nicht. Die kleinen Zauberinnen nämlich, die gewähren ihre glückbringenden Besuche weder auf Zuruf noch auf Verlangen. Man braucht schon ein wenig Glück. Und auch Geduld. Und seit Neuestem sogar eine gute Schaufel !

Denn besonders die Jüngste der drei, die wird in letzter Zeit ein bißchen unleidlich. Fast eingeschnappt, könnte man sagen. Es war nämlich so: Vor wenigen Erdenjahrzehnten, da begann eine merkwürdige Veränderung bei den Menschen zu Tage zu treten: Immer häufiger geschah es, daß die einst so gern gesehenen drei Geschwister von den Besuchten regelrecht hinausgeworfen wurden! Zuallererst passierte das der ältesten Fau. Dann der Mittleren. Als schließlich auch die Jüngste immer öfter hinauskomplimentiert wurde – und manchmal kurz darauf unverschämterweise wieder herbeibefohlen – da wurde sie ganz traurig. Und dann ärgerlich. Und sogar ungehalten. Schließlich ist sie ja die Jüngste. »Diese Menschen! Was denken die sich eigentlich? Wie soll ich das denn schaffen? Und überhaupt: Seit wann bestimmen die denn, wann ich sie besuche?«

So kam es, daß die jüngste Fau von heute auf morgen beschloß, ihre Glücklichkeit nicht mehr so freigiebig wie bisher unter das Menschenvolk zu streuen. Nach einer geheimnisvollen Auswahlregel begann sie bei manchem Menschengast entweder ein bißchen weniger zu streuen. Oder ein bißchen weniger Zeit zu haben. Oder einfach später einzutreffen.

Das fiel ihren älteren Schwestern natürlich bald auf, und es dauerte nicht lange, bis die interessiert fragten: »Wie entscheidest Du denn, ob ein Mensch Deine volle Aufmerksamkeit verdient, oder eben nicht? «

Da legte die jüngste Fau ihren kleinen Zeigefinger nachdenklich an die sommerbesprosste Stupsnase und erklärte ihre kluge Regel: »Wißt ihr, ich denk´ mir das so: Wer ernsthaft einen Goldschatz sucht, der strengt sich an. Der gräbt – mit Geduld. Und schaut hin – ganz genau. Und gibt nicht auf – niemals. So jemand wird den Schatz vor seinen eigenen Augen finden. Alle Anderen aber, die nur im Vorübergehen, mal hier, mal da, an der Oberfläche herumkratzen, die laß´ ich einfach... Katzengold finden. Kurzzeitig glitzernd zwar, aber gar nix wert.« Und so halten sie es bis zum heutigen Tag, die drei kleinen Zauberinnen

Verliebt, Verlobt & Verheiratet

Die sichtbare Welt

Cape Coral in Südflorida, an der Küstenstraße direkt am Golf von Mexiko. Ein sommerlicher Abend am tropischen Sandstrand, ganz kurz vor dem Sonnenuntergang. Die warme Luft riecht nach weitem Meer. Am leuchtenden, blau-orangen Himmel kreischen große Möwen um die Wette. Auf dem ruhigen türkisfarbenen Meer dümpeln drei schneeweiße Pelikane und halten Ausschau nach einer Abendmahlzeit. Gleich wird am Horizont die große glutrote Kugel in die scheinbar unbegrenzte Wasserfläche eintauchen – ein allseits bekanntes Farbenschauspiel ersten Ranges, das hier jeden Abend viele Zuschauer in seinen Bann zieht. Vereinzelt sind Autos auf den Sand vorgefahren, um dem Naturschauspiel wie im Autokino zuschauen zu können. In einem dieser Autos, etwas abseits unter einer schiefgewachsenen Kokospalme abgestellt, sitzt eine junge Frau und schaut seit geraumer Zeit gedankenverloren auf die weite See hinaus.

Plötzlich wird ihr in die Ferne schweifender Blick von einer fröhlich-hellen Kinderstimme unterbrochen: »Hi, I'm Bobby...what's your name?« Neben der Autotür steht ein blondgelockter Dreikäsehoch in Badehose und mit Teddybär im Arm. Bobby schaut nach oben und grinst die Frau im Auto an, wie nur kleine Kinder grinsen können. Doch noch ehe sie ihm antworten kann, rufen Bobby's Eltern, die nur wenige Meter entfernt im Sand stehen, nach dem kleinen Ausreißer. Sie möchten ihren Sohn vor dem Hintergrund des farbenfrohen Sonnenuntergangs fotografieren.

Bobby rennt los, fällt einmal tapsig in den weichen, warmen Sand, und kurz darauf stellt sich die junge Familie in verschiedenen Fotografierposen auf: Bobby allein, Bobby mit Mama und Bobby mit Papa werden vor dem romantischen Hintergrund festgehalten. Es wird viel gelacht und Spaß gemacht. Dann möchte der Vater die gesamte Familie gemeinsam fotografieren. Sein Blick fällt auf die junge Frau, die immer noch in ihrem Wagen sitzt. Er fragt sie freundlich, ob sie einmal auf den Auslöser drücken würde. Die junge Frau hilft gerne. Bereitwillig steigt sie aus, fragt nach dem gewünschten Bildausschnitt und wartet, bis alle das richtige Lachen aufgelegt haben. Als sie die Kamera zurückreicht, bedankt sich Papa freudig.

Er kann nicht mehr sehen, wie der jungen Frau beim langsamen Zurückgehen stumme Tränen über das Gesicht rinnen.

•

Eine wahre Geschichte. Denn nur Minuten später lernte ich diese traurige Frau persönlich kennen. Ihr angejahrtes Auto wollte nicht mehr anspringen. Sie stellte sich mit Alicia vor und fragte höflich und leise, ob ich ihr vielleicht helfen könne. Während ich aber unter der Motorhaube herumkramte, konnte Alicia plötzlich ihre hochwallenden Gefühle nicht mehr zurückhalten und begann herzzerreißend zu weinen. Dabei erzählte sie schluchzend, daß sie vor zwei Tagen von der größten Liebe ihres Lebens verlassen wurde.

Diese unglückliche Frau wird für Sie, liebe Leser, auf immer eine Unbekannte bleiben. Trotzdem können Sie Alicias Gefühle wahrscheinlich sehr gut nachempfinden: Denn nahezu jeder Mensch wird zumindest einmal im Leben von der großen Welle der Unglücklichkeit überspült, die durch eine ungewollte Trennung vom geliebten Partner heranrollt. Für viele Menschen bedeutet dieses Erlebnis den Super-GAU ihrer Psyche und kann den Beginn einer größeren sozialen Katastrophe im eigenen Leben markieren: Bindungen, Träume, feste Pläne, und damit alle Vorfreuden auf das zukünftige Leben in heimeliger Zweisamkeit, lösen sich innerhalb eines Augenblicks im Nichts auf.

• •

In den ersten Stunden, nachdem sich die Tür hinter ihm oder ihr zum letzten Mal geschlossen hat, will man es einfach nicht wahr haben. Die Akzeptanz der bereits vollendeten Tatsache wird vom Unterbewußtsein schlichtweg verweigert. Fast sicher scheint, daß es sich lediglich um ein Mißverständnis oder temporäres Problem handelt, das sich schon bald aufklären wird. Manchmal herrscht gar die reinste Verblüffung: »Das kann doch gar nicht ernst gemeint sein! Bei unseren schönen Plänen... «. Zu diesem Zeitpunkt ahnen Sie noch nicht, daß sich bereits ein Foltermeister zu Ihnen auf den Weg gemacht hat. In Kürze wird er harsch an Ihr Bewußtsein anklopfen und Einlaß begehren. Im Sack auf dem Buckel mit der Aufschrift »Trennungsschmerz« schleppt er häßliche Quälwerkzeuge mit sich: Die unsäglichen Gefühle des Verlassenseins, des Alleinseins und der tiefen Enttäuschung und Verzweiflung warten auf ihren erbarmungslosen Einsatz. Hat dieser Kerl erst einmal den Eintritt in Ihre Bewußtseinstüre geschafft, dann könnten Sie dringend Hilfe und Verstärkung gebrauchen, um dem ungebetenen Knecht Paroli zu bieten.

Doch das Leben ist selten perfekt und fair. Und so lauert in dieser Situation genau das Gegenteil: Anstatt daß Ihnen geholfen wird, den Folterer abzuwehren, da findet dieser Kerl auch noch Unterstützung. Das eigene Gedächtnis nämlich verbündet sich mit dem Quäler und beginnt eine zusätzliche Torturprozedur: Jeder Schritt, jeder Handgriff und jeder Blick weckt melancholische und tieftraurige Stimmungen: Erinnerungen an die Exliebe in Wohnung und Auto finden sich zuhauf, ihre/seine Lieblingsmusik liegt noch im CD-Ständer, das Bad und Bett riecht noch nach ihm oder ihr.

Und dann diese blöden Fragen im Freundeskreis: »Wo hast Du denn (Name) heute gelassen?« Schon die Antwort, und das ganze Thema sowieso, ist unerträglich. Aber warum muß einem bereits jetzt, bei der Begrüßung in der Runde, die Qual des späteren Heimwegs vor Augen geführt werden: Den elendig-einsamen Schritten zum kalten, leeren Auto ist nicht zu entfliehen. Da ist es kein Wunder, daß die Tränen oft unkontrolliert fließen – während gleichzeitig tief im Herzensinnern ein kleines Hoffnungsflämmlein still und traurig im Orkan der

Gefühle vor sich hinflackert: »Vielleicht überlegt sie/er es sich ja doch noch anders? Vielleicht sogar gerade jetzt, in diesem Augenblick? Sie/Er muß doch spüren, daß ich dauernd an uns denke! Vielleicht klingelt ja gleich das Telefon. Oder ob ich mal anrufen soll? Hm, vielleicht lieber doch nicht. Hach – wenigstens mal ihre/seine Stimme hören. Ob vielleicht der Anrufbeantworter ... «

• • •

Im Anschluß an diese Übergangsperiode wird aus der insgeheimen, unbestimmten Ahnung die gefürchtete und verdrängte Gewißheit: Der nun so kläglich als Expartner bezeichnete Mensch hat es tatsächlich ernst gemeint. Und Sie, Sie würden ein ganzes Königreich und noch viel mehr dafür geben, um sie/ihn wieder zurück zu bekommen.

Spätestens ab diesem Zeitpunkt der Erkenntnis der eigenen Machtlosigkeit neigen nicht wenige Menschen zu vorschnellen Kontakt- und Reparaturversuchen. Aus schierer Verzweiflung wird dabei nicht selten von unrealistischen Annahmen und Zielen ausgegangen – wodurch sich die Erfolgsaussicht auf einen Neubeginn stark verringern kann. Die eigenen, gutgemeinten Rettungsaktionen führen leicht dazu, daß die letzte eventuell vorhandene Chance auf Versöhnung verspielt wird. Natürlich lieben Sie sie/ihn noch. Natürlich verlöscht eine ehrliche, tiefe Liebe und Zuneigung nicht durch die Worte »Ich werde mich von Dir trennen.« Er/Sie muß doch wissen, wie schlecht es Ihnen geht, und wie gut Sie es meinen!

Doch muß sie oder er wirklich? Und weiß sie oder er das nicht sowieso? Und überhaupt, würde es tatsächlich helfen, Ihrem Ziel der Wiedervereinigung näher zu kommen? Überlegen Sie einmal: Zu diesem Zeitpunkt ist es mehr als fraglich, ob *Ihre* Gemütsverfassung, *Ihre* Wünsche und *Ihre* Vorstellungen irgend etwas an ihrem/seinem Entschluß ändern können. Und selbst wenn dieser unwahrscheinliche Fall einträte: Wünschen Sie sich tatsächlich, daß sie/er »aus Mitleid« zurückkommt?

Nein – dem Expartner die eigene Gefühls- und Wunschwelt mitzuteilen, und sei es noch so tief und zu Herzen gehend, liefert ihr/ihm mit großer Wahrscheinlichkeit keinen einzigen Grund, die Trennungsentscheidung zu überdenken. Vom »Rückgängig machen« ganz zu schweigen. Eine andere, bessere Strategie muß also her. Bloß welche?

Ein möglicher Schlüssel für den Weg zum Neubeginn besteht darin, daß nicht Sie selbst, sondern Ihr Expartner die Hauptrolle spielt. Lediglich den ersten Stupser in die richtige Richtung, den müssen Sie selbst veranlassen. Dieser Stupser sollte darauf zielen, daß der Expartner seinen Trennungsentschluß *aus eigenem Antrieb heraus* noch einmal überdenkt. Es müßte bei ihr/ihm also die Bereitschaft vorhanden sein, oder erzeugt werden, über Sie (den Expartner) bzw. sie (das frühere Paar) nachzudenken. Dabei müßten die eigenen Standpunkte und Einschätzungen flexibel und aufgeschlossen betrachtet werden können. Und schließlich müßte sie/er entdecken, oder zumindest annehmen können, daß der Trennungsentschluß möglicherweise nicht die beste Entscheidung war:

Sei es weil übereilt, weil auf unrichtigen Einschätzungen basierend, weil...: Wie auch immer ihre/seine
Begründungen lauten könnten, um den eigenen
Trennungsentschluß in Zweifel zu ziehen oder
zurückzunehmen – sie sind zur Zeit nicht wichtig.
Sie können die freie Auswahl getrost ihr/ ihm
überlassen. Wesentlich ist einzig, daß sie/er selbst
eine (oder mehrere) Rechtfertigungen findet, und
diese *freien Willens akzeptiert.*
Doch wie soll all dies zu schaffen sein? Nun, falls
Sie Ihre völlig unschuldigen Lebensstunden nicht
mit den berühmten *Warum bloß immer ich?* –
Gedanken und ähnlichem vergrübeln möchten,
dann gäbe es vielleicht einen Vorschlag für Ihre
wertvolle Zeit auf diesem süßen, kleinen Planeten.

Der Zauberbrief

Wie der Titel dieses Ratgebers schon sachte mit dem Holzhämmerchen andeutet: Vielleicht existiert eine Möglichkeit, Ihren Expartner wiederzubekommen. Und die geht so: Sie schreiben ihm einen Brief. Natürlich nicht irgendeinen Durchschnittsbrief, den man mal schnell hinschreibt, weil einem sonst nichts Besseres einfällt. Nein, hier ist die Rede von *dem* Brief – geschrieben nach erfolgreichen psychologischen Prinzipien der Text- und Redenformulierungen, die den Empfänger auf subtile Weise zum selbstständigen Nachdenken anregen. Und die eine innere Bereitschaft erzeugen können, eigene Meinungen und Entscheidungen neutraler und flexibler zu beurteilen.

Aber weshalb überhaupt einen Brief? Man könnte ja einfach anrufen? Oder sich gleich treffen? Leider – so einfach ist es nicht. Sonst würde ja zu beobachten sein, daß nahezu jede Trennung wieder zusammenführt. Denn sehr viele Trennungen verlaufen nach einem ähnlichem Schema – eines, das wegen der typisch menschlichen Verhaltensweisen leider keine vorteilhafte Grundlage für einen eventuellen Neubeginn ist. Und um diesen Verhaltensmustern so gut wie möglich aus dem Weg zu gehen, da bietet ein Brief ganz wesentliche Vorteile gegenüber dem direkten persönlichen Kontakt: Völlig unbeeinflußt und frei von momentanem

1. **Antwortzwang,**

2. **Reaktionszwang** und

3. **Verteidigungszwang**

– alle drei können im persönlichen Gespräch oder im Telefonat schneller auftreten als einem lieb ist – vermeidet die professionelle schriftliche Kommunikation einige der schwierig zu beherrschenden Fallstricke, die in nebenstehender Liste aufgeführt sind. Aus diesen Gründen kann sich ein solcher Brief auch als Rettungsversuch für diejenigen Trennungsfälle eignen, in denen der Expartner »richtig sauer« ist und vielleicht nicht einmal mehr am Telefon mit der anderen Hälfte sprechen möchte.

Ein Brief also. Auf den folgenden Seiten erhalten Sie nun eine detaillierte Anleitung, wie ein solcher Text zu erstellen ist. Sie werden schnell feststellen, daß es sich dabei um eine anspruchsvolle Aufgabe handelt. Die eigenen, erfolgversprechenden Sätze zu formulieren, wird Stunden und Tage Ihrer Zeit in Anspruch nehmen. Es wird, im wahrsten Sinne des Wortes, auf jedes einzelne Wort ankommen.

Bevor Sie beginnen, ist es noch gut zu wissen, daß dieses »Zauberbriefverfahren« nur einmal funktioniert: Falls sie beide aufgrund Ihres Briefes wieder zusammenfinden und sich zu einem späteren Zeit-

Vorteile der Briefkommunikation gegenüber anderen Kommunikationsarten

- Geschriebenes Wort gestattet es, sich **ruhig und wohlüberlegt** mit dem Expartner auseinanderzusetzen. Ein nennenswerter Teil von Mißverständnissen wird so von vornherein verhindert.

- **Vorschnellen Urteilen** und erregten Gemütern wird effektiv vorgebeugt.

- Schon aufgrund der ganz normalen menschlichen Neugier wird ein eingehender Brief **fast immer vollständig gelesen**. Telefonate und persönliche Treffen dagegen stehen ständig unter dem Risiko, vorzeitig abgebrochen zu werden, oder in eine völlig falsche Richtung zu laufen.

- Die **Verwendung von geschickter Diplomatie** ist relativ einfach möglich – ein Vorteil, der vielen Menschen im gefühlsbeladenen persönlichen Gespräch schwerfällt, wahrzunehmen.

- Der Briefempfänger **kann nicht unmittelbar, also nicht impulsiv, widersprechen**.

- Der Briefempfänger hat Ihre Gedanken unauslöschlich vor seinen Augen. »**Gehört und vergessen**« **kann nicht geschehen**.

punkt erneut trennen, dann wird es vermutlich keine zweite Chance mehr geben. Und als kleinen zusätzlichen Hinweis kann man auch einmal kurz daran denken, daß es mehr als sechs Milliarden Menschen auf der Erde gibt. Jeder Einzelne davon kann nur einen Einzigen dieser sechs Milliarden dauerhaft ändern: Sich selbst.

Doch nun wollen wir beginnen. Sie benötigen lediglich ein wenig Zeit, einen Stift und ein paar Blätter Papier oder einen PC. Und natürlich das Wichtigste: Konzentration, Erinnerungsvermögen und Objektivität. Es folgen zunächst die 5 Grundregeln des Verhaltens nach einer ungewünschten Trennung. Bitte beachten Sie diese genau. Sind Sie außerdem mit der festen Absicht gewappnet, sich nicht um einzelne der folgenden Regeln herumzumogeln, dann sind die ersten Voraussetzungen für Ihren Erfolg erfüllt.

GRUNDREGEL 1

Mit dem Entschluß, Ihren Expartner wiederzugewinnen, haben Sie sich ein ehrgeiziges Ziel gesetzt – und der Erfolg wird nicht verschenkt: **1. Richten Sie Ihre Gedanken und Ihr Handeln ab sofort bedingungslos an diesem Ziel aus.**

GRUNDREGEL 2

Achten Sie den Trennungsentschluß Ihres Ex-Partners. Treten Sie ihr oder ihm auf keinen Fall zu nahe, etwa durch erregte oder bedrängende Anrufe und Treffen: **2. Zurückhaltung ist im Moment Ihr bester Freund.**

GRUNDREGEL 3

Falls es bereits zu spät für Grundregel 2 ist, dann lassen Sie bitte zunächst einige Wochen ins Land ziehen, bevor Sie Ihren Brief formulieren und absenden. **3. Während dieser Warteperiode verzichten Sie am besten völlig, ohne Ausnahme, auf jeden *selbst hergestellten* Kontakt zu ihr oder ihm.**

GRUNDREGEL 4

Falls sie oder er sich bei Ihnen meldet, *bevor* Sie Ihren Brief absenden – zum Beispiel, weil es noch irgendwelche abschließende Regelungen zu treffen gibt – dann können Sie ohne weiteres darauf eingehen. Bleiben Sie ihr oder ihm gegenüber dabei ruhig und sachlich, seien Sie weder devot zuvorkommend noch abweisend kühl. Behandeln Sie sie oder ihn, und sprechen Sie zu ihr oder ihm, genau wie zu einem netten Bekannten – so schwer Ihnen das wahrscheinlich fallen mag. Geben Sie in diesem Gespräch nach, falls Differenzen um irgendwelche Regelungen entstehen (..natürlich nur, falls Ihnen die Konsequenzen des Nachgebens nicht zu sehr gegen den Strich gehen): **4. „*Keine weiteren Anspannungen*" heißt ab sofort die Devise.**

GRUNDREGEL 5

Ziehen Sie das Telefonat oder Treffen aus Grund-regel 4 nicht künstlich in die Länge: **5. Beenden *Sie selbst* den Kontakt ruhig und höflich, *sobald* der Grund dafür erledigt ist.** Eine kleine Notlüge ist erlaubt um Ihre Verabschiedung überzeugender zu gestalten, falls das nötig sein sollte. Also zum Beispiel: »Stefan, ich habe einen Zahnarzttermin um 16.00 Uhr und muß jetzt auflegen. Ruf mich einfach wieder an, wenn es noch etwas zu erledigen gibt, o.k. ?«

Und nun starten wir Ihre persönliche Mission

"I still love you"

Vielleicht führen Sie die gesamte folgende Prozedur am besten von Zuhause durch. Sich ins Bistro oder sonstwohin in die Öffentlichkeit zu setzen, das mag bei einigen Menschen funktionieren – generell zu empfehlen ist es nicht.

Nehmen Sie sich also ein paar ruhige Stunden Zeit. Machen Sie es sich gemütlich, schalten Sie Ihre Lieblingsmusik ein und legen Sie sich ein paar Blatt Papier und einen Kugelschreiber zurecht. Vielleicht stöpseln Sie noch das Telefon aus. Setzen Sie sich dann mit einer Tasse Kaffee oder Tee bequem an den Tisch und schreiben Sie eine Liste, die wir L-1 nennen.

Notieren Sie auf dieser Liste untereinander – so objektiv, vollständig und wohlüberlegt wie nur möglich – alle Gründe, von denen Sie wissen oder annehmen, daß diese Ihre/n Expartner an der Beziehung mit Ihnen gestört oder genervt haben oder die er/sie zumindest als verbesserungswürdig empfand. Falls vorhanden oder vermutet, gehört auch Kritik an Ihrer eigenen Person auf dieses Papier („Deine neue Frisur/Haarfarbe/Hose sieht ... aus!", „Warum bist Du bloß immer so unflexibel?" usw. usf.).

Lassen Sie sich Zeit für diese Liste. Es eilt nicht. Genau definierte Aussagen sind wichtiger als ein paar gesparte Minuten. Wenn Sie fertig sind mit L-1, dann kommen wir zum fairen Ausgleich. Beginnen Sie eine weitere, neue Liste, die L-2.

Auf ihr notieren Sie nun umgekehrt, welche Eigenarten oder Begebenheiten Sie selbst an der Beziehung oder an Ihrer/m Ex als störend, nervend oder sonstwie „nicht perfekt" empfanden. Realistischerweise sollten sich einige Punkte finden lassen.

In diesem Schritt werden die beiden entstandenen Listen ausgewertet. Dazu markieren Sie auf Liste 1 genau drei der notierten Gründe:

- Und zwar diejenigen, die Ihnen – nach genauem Überdenken – am wenigsten bedeuten, und /oder

- die für Ihr eigenes Empfinden nur unwichtige Kleinigkeiten sind, und/oder

- mit deren Abstellung oder Änderung sie kein oder nur ein geringes Problem hätten.

Dies ist bitte ganz ernst zu verstehen: Mit Ihrer Markierung erklären Sie sich ohne Einschränkung bereit, diese Dinge ohne Wenn-und-Aber, ohne weitere Diskussion, ohne Ausgleichsforderung, überhaupt ohne jede Bedingung zur Disposition zu stellen.

Und Achtung: Es darf bei Ihrer Auswahl keine Rolle spielen, ob die vermutete oder tatsächlich vorhandene Kritik des/der Ex Ihrer Meinung nach zu Recht besteht. Auch dann, wenn Ihrer Meinung nach seine/ihre Kritik völlig falsch, daneben, unfair

oder sonstwas ist: Handelt es sich für Sie um Kleinigkeiten, dann markieren Sie sie!

Ist diese Aufgabe erledigt, dann geht es nun genau
umgekehrt: Suchen Sie bitte auf L-2 drei derjenigen
Punkte heraus von denen Sie wissen oder annehmen, daß diese für Ihre/n Ex eher zur unwichtigen
Kategorie gehören. Diese werden ebenfalls mar-
kiert.

Nun beginnt die eigentliche Aufgabe der Textformulierung. Setzen Sie, zunächst lediglich als Entwurf, einen Brief an Ihre/Ihren Expartner/in auf. Um Ihnen diese Aufgabe zu erleichtern, folgen jetzt eine ganze Reihe von Formulierungsregeln, insgesamt sind es 13 Stück. Versuchen Sie bitte, sowohl die einzelnen Regeln als auch die beschriebene Reihenfolge so gut wie möglich einzuhalten:

Formulierungsregel 1

Sprechen Sie sie/ihn in der Briefanrede mit ihrem/seinem Rufnamen an. Also »Liebe Marion/Michael/...«, und *nicht* »Mein Liebling/Schatzi/Mausi/...«

erfüllt ☐

Formulierungsregel 2

Beginnen Sie den Text damit, daß Sie in der letzten Zeit viel über sie beide nachgedacht haben. Schreiben Sie dabei in einem lockeren und flüssigen Erzählstil – ganz genau so, als ob Sie mit einem guten Freund beim Kaffee sitzen.

erfüllt ☐

Formulierungsregel 3

Vermeiden Sie im gesamten Text Erzählungen und Erinnerungen aus der gemeinsamen Zeit. Melancholien, und auch objektive Geschichten aus der Zeit Ihres Kennenlernens, des ersten Italienurlaubs und ähnliches sind nicht erlaubt. *Alle* zurückliegenden Inhalte »aus der besseren Zeit« sind tabu in diesem Brief (einzige Ausnahme: Formulierungsregel 8 und 9).

erfüllt ☐

Formulierungsregel 4

Sprechen Sie einen oder zwei (..und jetzt bitte genau lesen:) *ihrer/seiner* »*Fehler*« (die markierten Punkte auf Liste 2) sacht und verständnisvoll an. Betrachten Sie die Fälle am Ende des Textabsatzes immer von ihrer/seiner Seite, also etwa:

> *»Seitdem Du nicht mehr da bist, habe ich morgens endlich wieder eine verschlossene Zahnpastatube. Du weißt ja, es hat mich immer genervt, wenn Du sie offen liegengelassen hast. Aber naja, schließlich warst Du durch den blöden Busfahrplan immer sehr im Zeitstreß.«*

erfüllt ☐

Formulierungsregel 5

Vermeiden Sie Schuldzuweisungen jeder Art. Auch dann, wenn Sie hundertprozentig überzeugt sind, im Recht zu sein. Im Zweifel lassen Sie das strittige Thema aus.

erfüllt ☐

Formulierungsregel 6

Sprechen Sie einen oder zwei der markierten Punkte auf Liste 1 an. Nach kurzer neutraler Betrachtung des Falles geben Sie ihr/ihm ausdrücklich Recht ! Bieten Sie gleich im Anschluß auf indirekte Weise eine Lösung an, zum Beispiel indem Sie sich selbst (!) fragen, warum sie beide das Problem niemals »soundso« behandelt haben.

erfüllt ☐

Formulierungsregel 7

Sprechen Sie sie/ihn mitten im Text nochmals beim Vornamen an.

erfüllt ☐

Formulierungsregel 8

Drücken Sie im letzten Viertel des Briefes aus, daß Sie stolz auf sie/ihn waren *und immer noch sind* – und zwar hinsichtlich einer *echten* Eigenschaft oder eines *echten* Vorkommnisses. Falls Ihnen gar nichts anderes einfällt, könnten Sie sogar auf ihre/seine Konsequenz beim Durchziehen der Trennung stolz sein.

erfüllt ☐

Formulierungsregel 9

Loben Sie sie/ihn für etwas *Wahres*. Achtung: Dieser Punkt ist verschieden von Regel 8. Auf etwas stolz sein oder etwas loben, das sind zwei verschiedene Dinge.

erfüllt ☐

Formulierungsregel 10

Überlassen Sie die Entscheidung über das weitere Vorgehen nach dem Briefeingang einzig ihr oder ihm. Bieten Sie in Ihrem Text *keine* Angebote wie »Wir könnten uns ja mal treffen.« »Ruf´ doch mal an.« oder ähnliches an.

erfüllt ☐

Formulierungsregel 11

Schließen Sie Ihren Text mit einer lieben und herz-
lichen Abschlußformel, aber vermeiden Sie »Dein/
Deine...«. Auch alle Kosenamen, die sie/er Ihnen je
gab, sind tabu. Verwenden Sie einfach Ihren
Vornamen.

erfüllt ☐

Formulierungsregel 12

Selbstverständlich dürfen keinerlei Beschimpfungen
und Beleidigungen in Ihrem Text enthalten sein –
auch nicht andeutungsweise. Bedenken Sie, daß in
Ihrer Situation Hypersensibilität nicht selten auftritt
– auf beiden Seiten. Jeder einzelne Satz, der auch
nur entfernt verdächtig ist, ein Mißverständnis erzeugen zu können, muß sofort wieder gestrichen
werden.

erfüllt ☐

Formulierungsregel 13

Die Länge Ihres Briefes in absendebereiter, hand-
schriftlicher Form sollte zwischen zwei und vier
DIN A4 Seiten (...nicht Blätter) liegen.

erfüllt ☐

Nachdem Sie Ihren Textentwurf vollständig zu Papier oder Monitor gebracht haben und vielleicht schon hoffen „..nun ist es endlich geschafft!", kommen wir zu einem der wichtigsten Schritte auf Ihrem Weg zur erfolgversprechenden Briefformulierung:

1. Zählen Sie nun bitte in Ihrem Text – und zwar von oben nach unten, Wort für Wort – alle „ich, mir, meine, meines etc." zusammen zu einer Summe, der **ICH-Summe**, und notieren diese.

2. Danach zählen Sie bitte alle „Du, Dir, Deine, Deines, etc." und notieren auch diese Summe, die **DU-Summe** (es gibt übrigens noch Briefleser, die es angebracht finden, daß an sie gerichtete Anreden, also im Wesentlichen alle „Du etc.", groß geschrieben werden).

Vergleichen Sie nun Ihre beiden Summen. Wahrscheinlich wird die ICH-Summe größer sein als die DU-Summe. Formulieren Sie in diesem Fall Ihren gesamten Text solange um, bis die Anzahl der „DU etc." **mindestens (!)** genauso groß ist wie die Anzahl der „ICH etc."

Was „mindestens" bedeutet ist natürlich klar: Die DU-Summe darf gerne größer sein – aber nicht, niemals! – kleiner als die ICH-Summe. Um dieses Ziel zu erreichen werden Sie wahrscheinlich nicht umhinkommen, mehrere Sätze oder sogar ganze Absätze neu zu formulieren. Da sich dabei der bisherige Text verändern wird, überprüfen Sie bitte anschließend, ob alle anderen Textregeln noch eingehalten werden.

Wenn schließlich dieser Schritt 4 tapfer erledigt ist, dann ist es Zeit für eine Projektpause: Legen Sie Ihren fertigen Entwurfstext in die Schublade oder auf die Festplatte und vergessen ihn bis morgen. Gehen Sie vielleicht ins Kino, treffen Sie sich mit Freunden oder lenken Sie sich anders ab – wenn möglich, außerhalb Ihrer eigenen vier Wände.

Beispiel:

„...Gestern hab ich an Dich denken müssen. Auf dem Weg zum Einkaufen nahm mir ein Golf, genau wie Deiner, die Vorfahrt. Ich mußte scharf ausweichen, sonst wäre ich Dir reingefahren – hab ich gedacht. Erst danach sah ich am Nummernschild, daß es ein Fremder war..."

Die Summen für diesen Beispieltext lauten:

ICH-Summe: 6
DU-Summe : 3

Schritt 5

Morgen (...bitte nicht bereits in ein paar Stunden – sondern wirklich erst morgen oder übermorgen: Mindestens eine durchschlafene Nacht sollte vergangen sein) nehmen Sie Ihren Text wieder aus der Schublade heraus und beginnen etwas, was Sie vielleicht noch nie gemacht haben:

Lesen Sie sich Ihren Brief selbst vor. Und zwar nicht in Gedanken, sondern tatsächlich normal laut gesprochen. Die Vermeidung von Hintergrundgeräuschen von zum Beispiel Radio oder Fernseher ist vorteilhaft. Stellen Sie sich beim Lesen vor, daß Sie selbst diesen Brief bekommen haben. Statt „Liebe Susanne" in der Anrede lesen Sie also „Lieber Stefan", falls Sie Stefan heißen.

Jede einzelne Textstelle, an der Sie entweder beim Sprechen oder auch nur in Gedanken stocken – etwa, weil der Sinn des Geschriebenen nicht sofort hundertprozentig klar ist, weil etwas falsch verstanden werden könnte oder weil die Textstelle irgendwie komisch wirkt – muß nach den obigen Regeln entweder neu formuliert oder aber entfernt werden. Gehen Sie bitte niemals über ein „Stocken" ohne Textänderung hinweg.

Jede Änderung zu diesem Zeitpunkt setzt außerdem die „Morgen-Regel" erneut in Kraft. Also:

Text nach Änderung in die Schublade/Festplatte, sich ablenken, am nächsten Tag sich selbst vorlesen. Ihr Text gilt erst dann als absendewürdig, wenn er an keiner einzigen Stelle unbekannte, unangenehme oder unsichere Gefühle oder Gedanken weckt. Es gilt Zero-Tolerance: An keiner einzigen Stelle!

Es ist geschafft: Sie haben einen klug durchdachten Text an Ihre/n Ex, fast könnte man sagen, komponiert, der nach vielen Regeln der Kunst das Beste ist, was Sie zur Zeit tun können. Die Geistesarbeit ist damit vorerst vollbracht. Jetzt geht es an die körperliche Arbeit, denn einfach den Laserdrucker einschalten – das ist für unseren Zweck nicht erlaubt:

1. Schreiben Sie Ihren Text mit einem <u>Tinten-füller.</u> Bitte kaufen Sie sich einen, falls Sie keinen besitzen: Auch günstige Schülerangebote erfüllen den Zweck.

2. Schreiben Sie auf weißes Papier im DIN A4-Format. Papierbögen ohne Löcher, ohne Linien, ohne Abrißmarkierungen, ohne Knicke, ohne Flecken usw. Dabei handelt es sich um Mindeststandard-Anforderungen, nicht etwa um Luxus. Denken Sie an den eingangs erwähnten Hinweis: Durch das „Sparen" an einzelnen Punkten wird Ihre Erfolgsaussicht geschmälert.

3. Ein oder zwei Schreibfehler (Durchstreicher) sind erlaubt und machen Ihren Brief sogar

natürlicher. Schließlich schreibt ein fühlender Mensch und keine Maschine. Ab dem dritten Fehler jedoch überwiegt der Eindruck von Schlampigkeit und Unkonzentriertheit. Daher heißt es ab dem dritten Durchstreicher: Neuschreiben.

Kopieren Sie nun Ihren absendebereiten Text und beschriften Sie auch das Kuvert handschriftlich mit dem Tintenfüller. Kuvertieren Sie dann das Original ein – unterschreiben nicht vergessen! – und legen Sie nichts weiter bei:

- Keine Blumen

- Kein kleines Geschenk

- Keine Aufmerksamkeit

- Keinen Gutschein

- Keine Parfümierung

- Keine sonstigen Extravaganzen

- Einfach: Gar nichts.

Versenden Sie Ihren Brief pur: Briefmarke drauf - und ab geht die Post!

Nun bleibt Ihnen nichts weiter übrig, als auf eine Antwort zu warten. Daß Sie eine erhalten werden, das ist relativ wahrscheinlich. Doch wann? Die Wartezeit wird unter anderem davon abhängen, auf welche Art Ihr/e Ex antworten wird. Falls sie/er sich ebenfalls für eine schriftliche Antwort entscheidet, dann kann es schon ein wenig dauern. Kalkulieren Sie einmal:

> Zwei Tage braucht Ihr Brief bis zum Empfänger, einen Tag lesen, zwei Tage nachdenken, zwei Tage Antwortbrief schreiben, zwei Tage Postweg, macht zusammen neun Tage. Fast eineinhalb Wochen Wartezeit auf die Antwort ist also das Minimum, viel schneller kann es gar nicht gehen! Nicht selten wird es etwas länger dauern. Werden Sie also bitte nicht zu früh ungeduldig.

Wenn der Antwortbrief dann gekommen ist *und darin nichts anderes gesagt wird,* dann sollten Sie wieder schriftlich antworten. Beachten Sie dabei die gleichen Regeln wie beim ersten Text und achten Sie mithilfe Ihrer Kopie darauf, sich in den Folgebriefen nicht zu widersprechen. Und bleiben Sie – falls die Sprache darauf kommt – bei Ihren

Angaben zu den Dingen, die Sie stören. Aber sachte und sachlich. Die gleichen Verhaltensvorschläge gelten für den Fall, daß er/sie telefonisch antwortet. Obgleich im persönlichen Gespräch um einiges schwieriger, sollten Sie versuchen die gleichen Regeln wie für die Textformulierung zu beachten.

Zum Zauberbrief-Abschluß

Wenn Sie hier angekommen sind, dann haben Sie einen Text formuliert und abgeschickt, der das Empfängerherz schwerlich kalt lassen wird und dennoch die Ratio anspricht. Wie leicht zu erkennen ist, überredet Ihr Text zu nichts – das wäre fatal. Der Brief regt vielmehr zum eigenständigen Nach- und Überdenken an. Er verstärkt ein kleines bißchen die sogenannte Entscheidungsunsicherheit. Und Ihr Expartner wird Sie als anteilnehmenden Menschen, der sich trotz allem nicht selbst aufgibt, im Bewußtsein haben. Eine nicht selten gehörte Reaktion des Briefempfängers ist ein positiv überraschtes „…so kenne ich sie/ihn ja gar nicht!"

Ob sich zwischen Ihnen beiden ein reger Schriftwechsel entwickelt oder ob vielleicht lieber zum Telefon gegriffen wird, das kann zur Zeit niemand wissen oder auch nur ahnen. Doch wenn Sie es geschafft haben, eine im Großen und Ganzen neutrale oder gar sympathische Antwort von Ihrer/m Ex zu erhalten, dann wird es möglicherweise nicht mehr allzulang dauern, bis es zwischen Ihnen beiden zu einem Wiedersehen kommt. Dieses Treffen wird entspannt beginnen wobei Ihre Ex-Liebe Ihnen mit einem zumindest leicht geöffnetem Herzen gegenüber sitzt.

Allerspätestens zu diesem Zeitpunkt dürfen Sie sich

ruhig einmal selbst auf die Schulter klopfen. Denn Sie sind weit gekommen. Viel weiter als die meisten Menschen in vergleichbarer Situation. Versuchen Sie diesen ausgeglichenen Zustand zwischen ihnen beiden so gut wie möglich zu bewahren – dann wird Ihr/e Ex Ihnen demnächst vielleicht mitteilen, daß man es sich ja noch einmal überlegen könnte...

•

Dennoch darf eines nicht unerwähnt bleiben: Realistisch betrachtet haben Sie das Menschenmögliche unternommen, um einen Neubeginn mit dem geliebten Expartner zu ermöglichen. Nun sind aber Menschen, glücklicherweise, keine berechenbaren oder gar programmierbaren Computer. Aus diesem Grund wurden Dinge wie Wahlbefragungen und Marketinguntersuchungen erfunden. Bei diesen Datenauswertungen von menschlichen Verhaltensweisen wird immer von Durchschnitten, Standardabweichungen etc. gesprochen – kurz, von statistischen Wahrscheinlichkeiten: Weil menschliches Verhalten im Einzelfall nicht vorherzusagen ist, deswegen existieren keine hundertprozentigen Sicherheiten und Berechenbarkeiten.

Daher muß hier erwähnt werden daß es Fälle gibt, in denen der Expartner es sich nicht gestattet, über die beendete Beziehung auch nur nachzudenken. Gegen strikte Einstellungen dieser Art kommt weder ein Brief noch irgendeine andere Strategie an. Daher ist es klug, der Realität mutig ins Auge zu blicken: Es kann vorkommen, daß Ihnen die Antwort Ihres/r Ex nicht gefallen wird, oder daß Ihr Brief ohne Antwort bleibt. Doch selbst in diesen Fällen wissen Sie mehr als vorher: Falls die Post unschuldig ist und tatsächlich der Empfänger nicht antwortet, oder falls er wenig liebenswert antwortete, dann ist es sicher ratsam, über den Sinn weiterer Beziehungswiederherstell-Versuche noch einmal genau nachzudenken.

Wie intensiv das Leben auch in solchen Situationen dennoch weitergeht, wie unplanbar die Zukunft ist, und wie überraschend Schicksals Wege verlaufen können, daß zeigen viele Geschichten des wahren Lebens.

Ihre Traumbeziehung. Es hat geklappt: Sie haben sie wieder. Eine gewisse Stabilität scheint sich langsam aufzubauen, und hoffnungsfrohen Zukunftsaussichten steht nichts im Wege. Doch wie soll es jetzt weitergehen? Etwa genau wie bisher? Oder einfach abwarten, wie sich alles entwickelt? Beides wird keine langfristige Lösung sein. Schließlich gab es ja Gründe für die Trennung. Deswegen soll nun die Verbesserung und Intensivierung der Beziehung angestrebt werden.

In diesem Kapitel erfahren Sie Handlungsmöglichkeiten, um eine Partnerschaft zu festigen und zu stabilisieren. Sensibilität und Stabilität, die in diesen ersten Wochen und Monaten verstärkt von Ihnen ausgehen sollten, ist die Basis für eine lange gemeinsame Zeit. Wie diese Zukunft aussieht, das beeinflussen Sie selbst in erheblichen Maß: Und zwar im Heute und Jetzt. Dabei darf Ihr Handeln nichts mit dem Überreden des Partners zu tun haben. Überzeugt muß vielmehr werden. Dieses „Überzeugen" ist sehr wichtig, eben weil es sich um eine Entscheidung von Dauer handeln soll: Überzeugungen bleiben *oft* – Überredungs-Entscheidungen aber *oft nicht lange*. Deswegen kann per Gesetz von Neukäufen wie Autos oder Zeitungs-Abo´s zurückgetreten werden. Überzeugt muß werden, daß die Liebesbeziehung mit Ihnen wirklich vieles besser, schöner und einfacher macht. Die Grundregel dabei hört sich simpel an: Der Partner muß *von selbst* auf eigene Gedanken kommen, die lauten:

1. Ich mag sie/ihn sehr.
2. Ich will sie/ihn nicht verlieren.
3. Es besteht immer ein Risiko, sie/ihn zu verlieren.
4. Ich will sie/ihn glücklich sehen.
5. Dieses oder jenes am Leben mit ihr/ihm hat echte Vorteile!
6. Mit ihr/ihm will ich mein Leben verbringen.
7. Sie/Er ist ideale Mama/Papa unserer Kinder.

Natürlich gibt es zahlreiche weitere Gründe. Diese persönlichen Wünsche und Ansichten, und ihre Reihenfolge, sind zunächst ohne Bedeutung und hängen von individuellen Situationen und Mentalitäten ab. Doch wie soll zu schaffen sein, daß der Partner von selbst auf solche Gedanken kommt?

Der erste und wichtigste Schritt besteht darin, daß Sie diese und ähnliche Gedanken bei ihr/ihm – nicht verhindern! Sie haben richtig gelesen. Allzu leicht geschieht es nämlich in der ersten Phase nach dem Neubeginn einer Beziehung, daß der Partner von Zweifeln über seine Entscheidung geplagt wird. Bereits winzige Begebenheiten können ausreichen, um seine/ihre Wiederbeginn-Entscheidung vor sich selbst in Frage zu stellen.

Diese Zweifel an kürzlich getroffenen Entscheidungen treten bei Menschen in vielen Lebensbereichen auf, unter anderem auch nach größeren Kaufentscheidungen. Aus diesem Grund wird, verkaufspsychologisch nachweislich begründet, zum Beispiel in Bedienungsanleitungen teurer Produkte immer zuerst eine Bestärkung an den Kunden gedruckt, die richtige Wahl getroffen zu haben: „Wir gratulieren Ihnen zu Ihrer guten und richtigen Entscheidung!" Übertragen auf zwischenmenschliche Beziehungen kann gesagt werden: Gelingt es, die unweigerlichen Anfangszweifel an der Partnerwahl zu verhindern, oder wenigstens teilweise zu zerstreuen, dann ist bereits ein großer Schritt getan. Im zweiten Schritt kann dann daran gearbeitet werden, von der Partnerschaft als *der* Partnerschaft zu überzeugen. Wenn Sie also Ihrem Partner nicht nur bei Meinungsverschiedenheiten, sondern aktiv bei allen Gelegenheiten mit positiven Gedanken auf die Sprünge helfen – und zwar ohne aufdringlich zu wirken – dann sind Sie auf dem Weg zum langandauernden Beziehungserfolg. Hier erfahren Sie Erkenntnisse und Regeln, die die Wahrscheinlichkeit solcher Gedanken beim Partner erhöhen. Je nach Intensität und Geschicklichkeit wird es nach einigen Wochen bis Monaten zu einer spürbaren Verbesserung in der Beziehung kommen.

Mit Regeln ist das allerdings so eine Sache. Der Unsinn vieler Regeln zu Beziehungsfragen besteht darin, daß scheinbar genaue Verhaltensvorschriften aufgestellt werden – für unbekannte Menschen in genauso unbekannten Situationen. Da gibt es tatsächlich Aussagen wie „Gehen Sie nur ordentlich geschminkt zum Joggen!" Abgesehen davon, daß schminken gar nicht jederfraus Sache ist: Woher will der Autor wissen, daß Leser/in joggt? Diese Art von Rat ist blanker Unsinn.

Ein anderer, uralter „Common Sense" Rat, nicht nur für die erste Verabredung, lautet „schwer zu kriegen zu sein" Diese Regel mag zu früheren Zeiten, vielleicht, einmal berechtigt gewesen sein. Heutzutage jedoch sind die früheren Zeiten lange vorbei und es besteht sogar die Möglichkeit, sich mit dieser „Strategie" völlig unerwünschte, weil kontraproduktive, Ergebnisse einzuhandeln: Wie lange wird sich wohl ein mit einem Mindestmaß an Selbstbewußtsein ausgestatteter Mensch solchem „Spiel" unterwerfen?

Aus diesen Gründen muß die Prime Directive aller Beziehungsratschläge lauten: Die Kommunikation zwischen den Partnern, keineswegs auf Sprache und Schrift beschränkt, ist zu erleichtern und zu erweitern – und nicht zu erschweren. Sollte dazu eine geschickte, diplomatische und vielleicht auch etwas augenzwinkernde Taktik erforderlich sein: Gut, warum nicht?

Sie möchten Ihre Beziehung festigen und nicht länger mit im Schoß gefalteten Händen vor sich hin warten. Das ist gut. Doch schon im Normalfall, in überwiegend problemlos verlaufenden Partner-schaften, hängt das Erreichen dieses Zieles zu 50 Prozent von Ihnen ab. Nun, da Partner/in sich gerade erst wieder zurückentschlossen hat und im Innern noch keineswegs fest zu diesem Entschluß steht, erhöht sich Ihr Anteil für die kommende Zeit auf weit über 50 Prozent. Für einige Wochen und

Monate sind Sie mehr gefordert als Ihr Partner. Denken Sie daran, falls ein Zeitpunkt kommen sollte, an dem Sie sich als einseitig Gebende/r fühlen.

Um nicht hyperaktiv in erwartungsvollen Aktionismus zu verfallen ist es ratsam, sich gedanklich auf die kommende Zeit des Hinarbeitens einzustellen und dabei die große Macht des eigenen Willens nicht zu unterschätzen. Nicht von ungefähr heißt es: „Der Glaube kann Berge versetzen." Damit wird nicht der Hypnose oder gar der Telepathie das Wort geredet. Es geht vielmehr um die Tatsache, daß intensive innere (gedankliche) Beschäftigung mit Situationen, die durch eigenes Verhalten beeinflußbar sind, zu realen, äußeren Ergebnissen führen kann.[1] Ein bekanntes Beispiel dafür ist der sogenannte Placeboeffekt: Wirkungsmittelfreie „Medikamente" werden erkrankten Menschen gereicht, die nicht wissen, daß es sich um bloßen Traubenzucker in Tablettenform handelt. Dennoch werden teils verblüffende Heilerfolge erzielt.

Unbekanntere Beispiele aus dem Bereich der zwischenmenschlichen Beziehungen besitzen teilweise sehr subtile Wirkungen auf die Außenwelt: So ist beispielsweise Ihre innere Verfassung auf dem Gesicht abzulesen, was bereits zu (unbewußten) Reaktionen beim Gegenüber führt. Das Wissen um solche Tatsachen hilft Ihnen Ihr Ziel zu erreichen – während Unwissende sich häufig wundern, daß trotz bester Absichten einfach nichts gelingen will.

---

[1] ...zum Lottogewinn können Sie es durch „richtiges" Denken also nicht bringen, da es sich bei der Zahlen-Ziehung nicht um eine von Ihnen beeinflußbare Situation handelt.

Ihr persönliches Ziel lautet: „Ich möchte, daß mein Partner bei mir bleibt." Um dieses Ziel zu erreichen, erfahren Sie hier konkrete Methoden. Im Grunde behandeln die folgenden Seiten verschiedene Arten und Praktiken der Manipulation. Leider ist der Begriff „Manipulation" in der Öffentlichkeit zu Unrecht mit einer pauschalen negativen Aura belegt. Zu Unrecht deshalb, weil zunächst jede Art von Aktion, die bewußt oder unbewußt darauf hinwirkt, ein bestimmtes Verhalten beim Gegenüber zu erreichen, Manipulation ist:

- Ein Kind weint, damit Mami es in den Arm nimmt.
- Sie tragen Ihre schönste Spitzenwäsche, um ihn für eine Stunde der Zärtlichkeit zu gewinnen.
- Die Werbung macht Lust auf Eiscreme, damit der Umsatz steigt.

Immer handelt es sich dabei um Manipulation erster Güte. Doch ist deswegen das Kind aus obigen Beispiel ein bösartiger Manipulator? Oder erleidet seine Mami einen Nachteil? Natürlich nicht. Ganz im Gegenteil: Das Kind erhält auf diese Weise einen notwendigen Beweis elterlicher Zuneigung und Unterstützung. Manipulation ist also weder positiv noch negativ. Erst ihr Zweck und ihre Auswirkung bestimmen ihren Charakter.

Auf den folgenden Seiten erfahren Sie nun konkrete Methoden für das Erreichen Ihres Ziels:

Teil 1: Kommunikation für eine gemeinsame & glückliche Zukunft
Teil 2: Psychologische Werkzeuge

Teil 3: Sofortstart für Heute, Morgen, Übermorgen.

Teil 4: Die fünf wesentlichen Charaktertypen

Texte und Beispiele wurden komprimiert, damit dieser kleine Ratgeber schnell zur Praxis führt, ohne sich viele Abende mit dem Lesen langer Texte beschäftigen zu müssen. Jeder einzelne Punkt der folgenden Seiten ist zwar für sich allein anwendbar, er steht jedoch im Kontext mit allen anderen. Durch das Herauspicken von beispielsweise Punkt 13 und 27 können Sie möglicherweise ein einzelnes, konkretes Beziehungsproblem behandeln, für Ihr Hauptziel reicht dies jedoch nicht aus.

Insgesamt wird einiges von Ihnen verlangt werden. In der Summe sollte dies aber kein Problem darstellen, weil in einer ehrlichen Beziehung, die fair und gleichberechtigt verläuft, *langfristig* kein Gefühl der Unausgewogenheit entsteht.

Wo immer im folgenden Text von *den Menschen*, *den Männern* oder *den Frauen* die Rede ist: Gemeint ist damit „Es scheint, daß viele Menschen/Männer/Frauen...“ Eine oberflächliche Verallgemeinerung mit dem Anspruch auf uneingeschränkte Gültigkeit ist in keinem Fall beabsichtigt – oder ganz kurz: Ausnahmen gibt es immer. Und schließlich: Alle Erläuterungen sind für den/die Leser/in geschrieben und formuliert. Wenn es beispielsweise heißt „Seien Sie tolerant“, dann richten sich diese Zeilen zwar direkt an Sie, gelten aber grundsätzlich in gleichem Maß für den Partner.

Teil 1

Kommunikation
für eine
gemeinsame & glückliche Zukunft

1. Gegenwart –
nicht Vergangenheit, nicht Zukunft

Obwohl Ihr Beziehungsziel natürlich in der Zukunft liegt, so wird doch die Straße dorthin hier und jetzt gebaut. Für das Planen und Erreichen des Ziels zählt der Ist-Zustand (Ihrer Beziehung, Ihrer Emotionen, Ihrer Umgebung) alles – der War- und Wird-Zustand zählt *gar nichts*. Versuchen Sie also sämtlichen Irritationen aus dem Weg zu gehen und vermeiden Sie die zwei Standardfehler:

zur Vergangenheit: „Weil sie/er irgendwann .... machte/sagte, werde ich .... sagen/machen."

zur Zukunft: „Falls sie/er .... machen/sagen wird, dann könnte ich .... sagen/machen."

Aktuelle, äußere Wirklichkeiten besitzen den höchsten Reizwert für alle Menschen, also auch für sie beide (Reizwert im Sinn von: Erwachendes Interesse, sich damit in irgendeiner Form zu beschäftigen). Der Umgang mit, und die Reaktionen auf Realitäten führen Ihre Situation in die Zukunft – ganz im Gegensatz zum „Herumreiten" auf alten Geschichten, oder dem Hoffen auf ungewisse zukünftige Entwicklungen.

Zu beachten ist, daß es sich bei den derzeitigen Realitäten keineswegs ausschließlich um „gute" handeln muß: Sie müssen weder lustig, zufrieden oder unbeschwert sein – nur: Jetzt! Lassen Sie alles Versäumte und alle ungewissen Träume ruhen und arbeiten Sie an und mit den tatsächlich vorhandenen Möglichkeiten.

2. Kooperation...

nicht Durchsetzung, nicht Flucht

Weil Ko-Operation „gemeinsame Durchführung" heißt, deswegen paßt sie so gut zur Quintessenz aller ausgewogenen, partnerschaftlichen Beziehungen: Gleichberechtigung, die gleiche Berechtigung für beide. Wer durchsetzt, ist stärker. Wer flieht (den Rückzug sucht), ist schwächer. Kooperationen kommen immer dann leicht zustande, wenn Partners Gefühle, Wahrnehmungen und Interessen mit gleichem Stellenwert berücksichtigt werden wie die eigenen. Ihre eigenen Vorstellungen und Wünsche weder höher noch niedriger zu bewerten als die des Partners ist also die Voraussetzung dafür, das Gemeinsames gelingen kann. Um diese Gemeinsamkeit herzustellen sollten Sie *nicht:*

- sich kleinmachen und/oder sich aufgeben

- dominieren

- fluchtartig das „Feld" verlassen

- sich unsichtbar und unhörbar machen

Bestimmt ist Ihnen aufgefallen, daß hier <u>nicht</u> steht:

- Keine eigenen Positionen vertreten
- Keine eigenen Vorschläge machen
- Nur eigene Wünsche zulassen, die garantiert keinen Konflikt erzeugen

3. Risiko & Großzügigkeit –
nicht Berechnung, nicht Absicherung

Lieber wenig erleben, damit wenig schiefgehen kann? Das führt nicht weiter. Zum Wesen jeder Entwicklung und jedes Fort-Schrittes gehören (kalkulierte) Risikobereitschaft sowie eine gewisse Großzügigkeit. Sogar Menschen aus Forschung und Wirtschaft, von Berufs wegen gut vertraut mit diesen Anforderungen, vergessen oder übersehen sie in der eigenen, privaten Partnerschaft.

Fortschreiten lautet Ihr Ziel. Aus dem Begriff folgt ganz wörtlich, daß weitere Schritte notwendig sind. Doch häufig scheuen Menschen vor einem nächsten Schritt zurück, weil er ins Ungewisse führen könnte. Dies trifft sowohl auf den aktiven Partner (der etwas tun/ändern möchte) als auch auf denjenigen zu, der die Änderungen passiv entgegennimmt. Der Rat an Sie lautet deshalb: Gehen Sie ruhigen Schrittes und optimistisch etwas weiter als bisher, bleiben Sie aber behutsam und hören Sie genau zu, was *sie/er dazu sagt*.

Erwartungen, wie sie/er zu reagieren hat, sind hervorragend geeignet, um eine negative Atmosphäre zu erzeugen – auch dann, wenn sie unausgesprochen bleiben. Lassen Sie sie/ihn fühlen und denken, was immer sie/er möchte und bleiben Sie interessiert und aufgeschlossen. Anschließend können Sie als konstruktiver Planer Wege finden, um beide Vorstellungen möglichst gut zu verbinden. Falls Ihre Vorschläge dann bedeuten, daß beide ein wenig nachgeben müssen, sind Sie auf dem richtigen Weg.

4. Realitäten – nicht Ideale

Ideale und Sehnsüchte sind nicht immer einfach von realen Situationen zu unterscheiden. Ihre Existenzberechtigung besitzen Ideale als *eine* Art der Orientierung im Leben. Ihre Hauptaufgabe liegt allerdings nicht in der Realisierung, und erst recht nicht zu dem Zeitpunkt, an dem sie entstehen oder aus dem Gedankenkämmerlcin hervorgerufen werden. Andernfalls könnte etwas passieren wie: „Du bist genau der Mann, von dem ich immer träumte." „Du täuschst Dich, ich bin Adam."

Zu häufiges Versinken in unrealistischen Träumereien, obwohl der Alltag immer wieder beweist, wie unmöglich die eigenen Gedanken zu verwirklichen sind – dieses Verhalten führt ohne Selbstkontrolle hin zur *Lieber gut geträumt als normal gelebt*-Mentalität, die, hat sie sich erst einmal im Kopf festgesetzt, nicht einfach wieder zu entfernen ist. Daß unter solchen Bedingungen wirkliche Erfolge – ganz gleich, welcher Art – nur schwierig zu erreichen sind, ist leicht zu sehen.

Besser ist, die eigenen Ideale einem Wirklichkeitstest zu unterwerfen. Und zwar zunächst daraufhin, ob es sich tatsächlich um überzeugende, anstrebenswerte Ideale und nicht vielleicht um kurzfristige, gar von außen eingeimpfte Klischees handelt. Nach dieser Überprüfung werden die verbliebenen, wirklichen Ideale mit einer nicht zu engen Toleranz für das echte, tägliche Leben versehen. Diese beiden Schritte schützen vor häufigen Frustrationen und eröffnen sogar die *realistische* Chance, den eigenen Idealen nahezukommen oder sie gar zu verwirklichen.

5. Vertrauen – nicht Mißtrauen

Sicher beobachten Sie sich manchmal selbst: Gehören Sie zu denjenigen Menschen, die häufig Ablehnungen aller Art im Tagesablauf vermuten? Ein guter Indikator dafür ist, wenn Sie sich an Gedanken wie „Warum bloß immer ich?" und ähnliches erinnern können. Nur wer dieses Verhalten an sich erkennt und reflektieren kann, ist in der Lage, ihm positiv entgegenzuwirken.

Wer es sogar schafft, seine Grundeinstellung etwas mehr auf „Es könnte etwas Schönes passieren." auszurichten anstatt auf „Hoffentlich passiert nicht schon wieder so ein Mist!", dessen Mitmenschen werden diese Ausstrahlung registrieren und positiv reagieren. „Geld kommt zu Geld" heißt einer der Sätze über finanziell erfolgreiche Menschen. „Glück kommt zu Glück" heißt derjenige für Menschen mit der „Halbvoll"-Überzeugung: Es macht mehr Freude, eine Flasche Wein als „Gut, halb voll!" anstatt als „Schade, halb leer!" zu betrachten. Wenn doch beide Versionen wahr sind: Warum soll nicht die schönere Variante gewählt werden?

Vertrauen Sie auf die Zukunft und werden Sie etwas optimistischer. Nicht dem blinden, sondern dem realistischen Optimismus kann sich oft mehr angenähert werden. Sehen Sie das Bessere und Vorteilhafte im Alltag, anstatt sich mit den weniger vorteilhaften Dingen allzulange aufzuhalten. Zwar entsteht kein Glück dadurch, daß Unglück fehlt, doch Glückes ausgleichende Wirkung hilft recht effektiv, Alltagsfrust und Alltagsärger leichter zu nehmen.

6. Erwartungen – realistisch belassen

Bei Vergleichen zwischen Menschen und Computern fällt unter anderem ein großer Unterschied auf: Die Siliziummaschine „sieht" beispielsweise in der Zahl 1.000.000 nichts weiter als eine Ziffernfolge. Menschen dagegen denken sofort an die Lottomillion, an unendlich viele Glitzerpunkte am Sternenhimmel und vieles andere. Selbst zu trivialen Alltäglichkeiten werden rasch Assoziationen und Erwartungen aufgebaut.

Zu rasch – denn oft existiert objektiv betrachtet keinerlei Anlaß für irgendeine Erwartung. Daraus folgt, daß _viele_ Menschen _oft_ falsche Erwartungen hegen.

Hochpositive Erwartungen: Die Wahrscheinlichkeit, daß Enttäuschung, Frustration und Streß erlebt werden ist relativ hoch und vergrößert sich noch, falls der Partner die gleiche Einstellung hat. Auch Menschen, die durch extremes „konsequent positiv Denken" das Schicksal zu überrumpeln suchen, begehen den Fehler der überhöhten Erwartungen: „Heute treffe ich die Frau meines Lebens." besitzt die gleiche Un-Qualität wie „Heute gewinne ich im Kasino."

Hochnegative Erwartungen: Diese Haltung nehmen Menschen ein, die Enttäuschungen vermeiden wollen. Häufig wird dabei aus dem Selbstversuch der **Be**hütung die kontraproduktive **Ver**hütung: Die Gefahr, am Glück vorüber zu gehen wächst, weil Resignation und Skepsis „siegten". Bedauerlich, denn ebenso wie Ent-Wässerung „das Wasser entfernen" bedeutet, so bedeutet Ent-Täuschung „die Täuschung entfernen". Enttäuschung ist also im Grunde wünschenswerte Aufklärung.

7. Die Würde des Moments –
geht vor dem Nutzen

Andere Menschen beneiden Sie um Ihre Situation, auch wenn einige es nie zugeben würden: In einer normalen oder sogar guten partnerschaftlichen Beziehung zu leben, das ist in ständig wachsenden Single-Gesellschaften keineswegs mehr der Normalfall und verdient in jeder Weise, geachtet und gewürdigt zu werden.

Jeder einzelne glückliche Moment einer Beziehung ist ein Geschenk, das wegen irgendwelcher unterschiedlicher Auffassungen zwischen den Partnern nicht entwertet werden sollte. So wie Sie sich an schönen Dingen erfreuen ohne über diese verfügen zu können, genauso sind die Momente mit dem Partner in erster Linie ein Geschenk ohne Verpflichtung, für das nichts zurückerwartet werden sollte.

Vergessen Sie deshalb über Ihren Plänen und Zielen nicht, daß Sie bereits in einer guten Beziehung leben, die ihnen viele schöne Zeiten und Erlebnisse beschert. Weder Ihr Partner noch Ihre Beziehung mit ihm hat es verdient, in irgendeiner Weise unwürdig behandelt oder berechnend ausgenutzt zu werden. Glückliche und schöne Zeiten dürfen nicht Mittel zum Zweck sein, etwa als Grundlage für den nächsten Schachzug. Natürlich lassen sich Vorschläge, Neuerungen und Wünsche aller Art viel besser und erfolgversprechender in angenehmer, positiver Atmosphäre anbringen. Dazu können positive Situationen und Momente in gewisser Weise **be**nutzt werden – aber bitte nicht **ausge**nutzt!

8. Gemeinsam das „Ist" genießen –
nicht einsam das „Könnte" hoffen

Wenn geteiltes Leid halbes Leid ist, dann ist gemeinsames Glück doppeltes Glück. Wer sich gemeinsam mit dem Partner freuen kann, auch über die kleinen, alltäglichen Dinge, der lebt und erlebt qualitativ hochwertiger. Ein Börsenmakler würde vielleicht sagen: Risikoloser ist Glück nicht zu verdoppeln.

Gemeinsam erlebtes Glück wird nicht nur stärker empfunden als einsam erlebtes, es stärkt auch den Zusammenhalt zwischen den Partnern. Das Zelebrieren von gemeinsamen kleinen Hoch-Zeiten zu jeder sich bietenden Gelegenheit ist immer lohnenswert – auch deshalb, weil kaskadenhafte, kaum vorhersehbare Entwicklungen oft zu den schönsten Erlebnissen führen: Freuen Sie sich beispielweise über „nur" eine Blume, die Ihr Herzensjunge als Sympathiebeweis mitbrachte mit irgendeinem kleinen Gegenbeweis, dann wird wiederum der nächste von ihm wahrscheinlich nicht lange auf sich warten lassen... – oft ist es halt keine Blume, sondern irgendeine Kleinigkeit nur Ihnen zuliebe, die Sie als solche zunächst vielleicht gar nicht erkennen!

Wie trist und grau nimmt sich dagegen die Vorstellung aus, allein zuhause zu sitzen und zu denken „Er könnte ja mal wieder...", „Sie sollte doch mal..." Sobald solche Gedanken im Kopf auftauchen sollten Sie aufstehen und das entgegenbringen, was Sie sich im Moment selbst wünschen: Eigene Aktivitäten werden *immer* belohnt – und sei es „nur" mit neuen Erfahrungen.

Teil 2

Psychologische Werkzeuge

9. Erfolg ist – etwas tun

Keine gute Idee ist es, schon grundsätzlich nicht, darauf zu warten, daß etwas geschieht oder daß Andere etwas für Sie erledigen. In Ihrem Fall wäre es sogar unsinnig, denn Sie wissen oder ahnen zumindest, daß die Beziehung noch nicht gefestigt ist. Eigene Aktivitäten sind angesagt: Den Weg zum Ziel planen, die Schritte aktiv umsetzen, Teilergebnisse checken und bei unbefriedigendem Ergebnis die Strategie ändern. Daß Sie dafür gute Anlagen besitzen, das haben Sie sich bereits selbst bewiesen, indem Sie sich gerade zielstrebig Know-How anlesen.

Falls Sie nicht zu den Menschen gehören, die ein Buch nach der letzten Seite ins Regal stellen und vergessen, dann haben Sie die wichtigste und schwierigste Etappe zum Ziel, die, an der viele Menschen scheitern, bereits geschafft: Sie ziehen ihren Kurs bis zum Ergebnis konsequent durch, weil das die einzige Alternative zum Nichtstun ist:

- Seien und werden Sie nicht defensiv.

- Vermuten Sie nicht, daß alles glatt gehen wird und daß Sie ausschließlich positive, erfolgreiche Gefühle erfahren werden.

- Harmonie ist vieles, aber nicht alles. Auch engagierte kämpferische Auseinandersetzung (natürlich ist die verbale gemeint) kann zwei Menschen einander sehr nahebringen.

10. Grundregeln des Erfolgs

Ziele selbst definieren und festlegen und sie anschließend konsequent in einer Weise zu verfolgen, die
das Erreichen wahrscheinlich macht – das sind typische
Management-Aufgaben. Die Merksätze der folgenden
kleinen Liste stammen denn auch tatsächlich aus der
Welt des Big Business, weil Wirtschaftsgeschehen und
private Beziehungen einiges gemeinsam haben:
Auch in der Wirtschaft kommt es auf das Handeln und
Verhandeln zwischen Menschen mit unterschiedlichen
Einzelzielen (eigene Produkte mit Gewinn verkaufen
bzw. Fremdprodukte so günstig als möglich einzu-
kaufen) an.
Die Einzelziele können nur erreicht werden, falls ein gemeinsames Hauptziel (der Vertragsabschluß) gefunden
und ausgeführt wird. Und hier wie dort gilt: Erfolg wird
am besten gemessen – am Erfolg.

- Das Ziel muß wirklich gewollt sein.

- Haarscharf daneben ist auch vorbei.

- Nur wer ausprobiert weiß, womit durchzukommen
  ist.

- Nur tote Fische schwimmen mit der Strömung.

- Auf Kleinigkeiten achten. Vor allem auf die Kleinigkeiten.

- Nachher ist es nie so schlimm wie vorher befürch-
  tet.

11. Nie unterschätzen –
die Macht der eigenen Gedanken

...über Ihren Körper. Sie selbst kontrollieren „lediglich" Ihre Gedanken. Diese Gedanken aber herrschen über Ihren Körper: Um beispielsweise zum Schrank zu gehen, denken Sie nicht: „Setze das linke Bein einen Schritt nach vorn, dann das andere usw." – sondern Sie denken: „Ich will jetzt zum Schrank gehen." Den „Rest" erledigt das Gehirn ohne Ihr bewußtes Zutun.

Ganz ähnlich verhält es sich mit Ihrer inneren Verfassung und den daraus folgenden äußeren Wirkungen wie Tonlage und Körpersprache. **Ängstliche Gedanken** beispielsweise äußern sich in einem Gesichtsausdruck, der dem Gegenüber signalisiert: „Du bist gefährlich, ich traue dir nicht." Ihr Gesicht wird ohne bewußtes Zutun(!) Mißtrauen und Abweisung ausstrahlen. **Tricky thoughts wie** „Was sag´ ich bloß, damit er sich interessiert...", „Hoffentlich sag´ ich nichts Falsches..." etc. gehen in die gleiche Richtung. Sie lassen sich teilweise als „Ich will nicht, daß Du denkst und fühlst wie Du möchtest." interpretieren. Im Gesicht des Denkers wird oft unbewußt „Verschlagenheit" erkannt, was beim Gegenüber kaum Vertrauen hervorruft. **Negative Gedanken** wie „Das klappt sowieso wieder nicht...mir fällt nichts ein..." usw. erzeugen tendenziell ein jämmerliches Gesicht. Wer darauf spekuliert, daß seine Mitmenschen dem heiligen Samaritertum verpflichtet sind: Eine vielversprechende Taktik. Alle anderen sollten einmal daran denken, wie sie selbst auf einen Menschen reagieren, der permanent bemitleidet werden möchte ?

12. Die stärksten aller Wünsche –
Nähe & Anerkennung

Der Wunsch nach Nähe und Bindung sowie die Gegenteile, also nach Distanz und Ungebundenheit, sind große Triebkräfte der menschlichen Psyche. Auf die Erfüllung, oder auf die Aussicht auf Erfüllung der beiden Ausprägungsrichtungen reagieren Menschen aller Altersgruppen stark. Gleiches gilt für Anerkennung (Lob). Ihr Gegenteil Ablehnung (Kritik) erzeugt ebenfalls heftige Reaktionen, will aber vermieden, also nicht erfüllt sein.

Bindung und Geborgenheit steht im Widerspruch zu Freiheit und Ungebundenheit, weil das Risiko von Einsamkeit und Verlassenheit mit wachsender Freiheit steigt (*Janis Joplin: „Freedom ist just another word for nothing left to loose": Freiheit ist nur ein anderer Ausdruck für „Nichts mehr zu verlieren"*). Mit der Bindung dagegen steigt das Risiko von Abhängigkeit und Beschränkung.

Daraus erklärt sich der Widerspruch von Menschen in ihrer Beziehung. Auseinandersetzungen in Paaren entstehen oft aus Versuch, Freiheit und Geborgenheit zu erzielen, ohne in Abhängigkeit und Einsamkeit zu geraten. Doch wer kann ernsthaft behaupten, das es ihm gelänge? Vor die Wahl gestellt, überwiegt bei Männern häufiger als bei Frauen der Wunsch nach Unabhängigkeit – ohne (!) daß damit notwendigerweise die Partnerin oder die Beziehung kritisiert wird. „Sogar" Jesus wies seine Mutter zurück „Weib, was habe ich mit Dir zu schaffen!" Gerade für Frauen ein nahezu unvorstellbarer Gedanke.

13. Begehrlichkeiten – wecken

Begehrlichkeiten und Begierden von Menschen werden geweckt, indem

- *zum passenden Zeitpunkt* (..Eiscreme-Werbung an kalten Wintertagen ist eher selten)
- *die Möglichkeit der Stillung von latent vorhandenen Verlangen* (..ein zumindest unbewußtes Grundinteresse muß vorhanden sein)
- *angedeutet wird* (..Reizwäsche legt Reize nie offen, sondern deutet lediglich an).

Es müssen also offene und/oder versteckte Wünsche des Partners bekannt sein. Das Überthema Sex nimmt nur deshalb allgemein und weltweit großen Raum ein, weil nahezu jeder Mann dieser Welt das einprogrammierte starke Verlangen danach besitzt. Doch es gibt viele weitere Betätigungsmöglichkeiten auf dem Feld der Begehrlichkeiten:
Das Stillen von Hunger, das Verlangen nach Fortpflanzung (nicht Sex, sondern Kinderwunsch) und das Verlangen nach Anerkennung sind Beispiele allgemeiner Triebe. Hobbys zum Beispiel gehören dagegen zu den individuellen, persönlichen Interessen (Hobbys definieren sich allerdings oft aus dem Verlangen nach Anerkennung: Man möchte besonders gut sein und gelobt werden.) Jedem Menschen fallen zahlreiche individuelle Begehrlichkeiten seines Partners ein. Still-Möglichkeiten existieren deshalb für den Partner weit zahlreicher als „nur" attraktiv zu sein.

14. Abhängigkeiten – herstellen

Dabei wird sich finanzielle, materielle, gesetzliche oder körperliche Macht über einen Anderen entweder verschafft, oder es werden bereits vorhandene Abhängigkeiten/Schwächen ausgenutzt. Aussagen wie „Was bist Du schon ohne mich" (Überlegener) und „Was soll ich denn ohne Dich machen?" (Unterlegener) sind typisch für solche Situationen. Im günstigsten Fall erfolgt ein Handel zwischen den Parteien: Der eine Partner bringt beispielsweise sein Vermögen, der andere seine Ästhetik ein: Dem einen ist es unmöglich, schön oder wieder jung zu werden, dem anderen ist es (höchstwahrscheinlich) unmöglich, reich zu werden. Einen (meist irgendwie doch unbefriedigenden) Ausgleich kann jeder Partner ausschließlich durch seinen Antipol herstellen. Im schlimmsten, kriminellen Fall dagegen wird zum Beispiel Drogenabhängigkeit per Zwang oder Verführung hergestellt und die daraus folgende einseitige Macht rigid ausgenutzt.

Sanfte Abhängigkeiten bestehen zum Beispiel dann, wenn im Alltag auf bestimmte Fähigkeiten des Partners nicht mehr verzichtet werden will. Und zwar aufgrund der Überzeugung, daß Alternativen nicht existieren bzw. unmöglich sind. Die zentrale Frage in diesen Fällen lautet nicht: „Gibt es noch jemanden, der so gut mit Geld (Küche, Auto, etc.) umgehen kann?" Sie lautet vielmehr: „Glaubt er/sie, daß er/sie nie wieder so jemand treffen wird?" Schon die Aussicht auf bloße Unbequemlichkeit kann die Überzeugung von der Unmöglichkeit stark beschleunigen.

15. Versorgungswünsche – anregen

Diese Methode ist nicht selten die Vorstufe zu „Abhängigkeiten herstellen". Versorgungswünsche werden geweckt, indem irgendein Alltagsablauf dem Partner einfacher/bequemer/schöner als bisher gemacht wird – und zwar derartig, daß ihm genau bewußt ist, wer da Gutes tut. Ein Problem besteht darin, daß derjenige Partner, der viel Energie darauf verwendet sich unentbehrlich zu machen, schnell nerven kann. Ein anderes, daß bei zuviel wohlwollender Energie der Empfänger rasch bequem werden kann. Die Kunst besteht deshalb darin, eine wirkliche Herzensangelegenheit anzupacken, das richtige Lösungsverfahren zu verwenden und trotz allem nicht zu perfekt sein zu wollen. Solange sich diese Art des Umgangs in etwa ausgleicht – trivial beispielsweise: sie freut sich, das er ihr Auto repariert und pflegt, während er es mag, daß sie immer ein gutes Essen auf dem Tisch hat – ist dagegen absolut nichts einzuwenden. Ganz im Gegenteil, aus dem ausgeglichenen gegenseitigen Zusammenspiel werden langwährende und erfüllende Beziehungen geboren.

Ist keine Balance vorhanden, sagt also ein Partner permanent Dinge wie „Ich will Dir doch nur helfen...meine es gut mit Dir...bin für Dich da" (überlegen) und/oder der andere „Ich bewundere Dich...kannst Du mir mal helfen..." (unterlegen), ist Vorsicht geboten. Neben dem Risiko, daß es mindestens einem Partner irgendwann zu bunt wird und er sich in der Folge endgültig verabschiedet, kann es auch zur Hörigkeit kommen.

16. Ängste und Gefügigkeit – entwickeln

Diese Begriffe hören sich zunächst nach Gewalt, Einschüchterung und Drohung an, sind aber weder darauf, noch auf ein Geschlecht (meistens bei Männern vermutet), beschränkt. Frauen sind auf diesem Gebiet ebenso aktiv, wenn auch meist etwas subtiler: Einsamkeits- und Verlassensängste, Drohen mit Kindesentzug und andere negative Emotionsgeneratoren wiegen bei Männern schwer.

Auch die Taktik, eigene Schwächen bewußt als Stärken einzusetzen, wird von beiden Geschlechtern gleich gut beherrscht: Frauen, die sich besonders unfähig in technischen Dingen geben um Männer zu animieren, ihnen die Reifen zu wechseln. Männer, die absichtlich grauenhaft kochen und Teller fallen lassen, um für alle Zeiten aus der Küche verbannt zu werden. Es gibt Menschen, die ihre gesamte Partnerschaft durch geschickten Umgang mit Schwächen gestalten.

Grundsätzlich ist davon abzuraten, eine Beziehung auf der Basis von Ängsten und Gefügigkeiten aufzubauen oder zu „verbessern". Selbst bei sehr sensibler, eingeschränkter und beidseitiger Verwendung läuft man dem Ziel der fairen Gleichberechtigung und des offenen Miteinanders völlig zuwider. Obendrein ist es nahezu unmöglich, ein ursprünglich vielleicht als temporär geplantes Verhalten zu einem späteren Zeitpunkt wieder abzustellen, ohne erheblichen Einfluß auf die Beziehung zu nehmen. Nutzen Sie das Wissen über diesen Punkt einfach dafür, um es genau so *nicht* zu machen.

17. Erfolgreiche Angelköder –
für Fisches, nicht Anglers Geschmack

Erfolgreiche Angler verwenden Köder, den Fische
mögen – und nicht welchen, den sie selbst gern
essen. Jeder Einzelne, der Regenbogenforellen mit
Nutella fangen wollte – ist verhungert! Fische haben
nämlich nicht angebissen. Und Nutella war auch irgendwann alle. Daher ist es oft verwunderlich, welche Art
von Geschenken, Mitbringseln und Aufmerksamkeiten
den Partnern überreicht werden. Auch wenn es Frauen
komisch vorkommt: Die meisten Männer wünschen
und freuen sich über pur-praktische Dinge – aus
Männers Sicht. Praktisch im männlichen Sinn ist
beispielsweise eine Funkmaus, ein Tennisschläger oder
ein Satz Bohrer – nicht ein Paar Socken, nicht die
obligatorische Krawatte und schon gar nicht die kleine
hübsche Plastik für den Wohnzimmerschrank. Diese
Dinge besitzen für ihn keinen wirklichen „Wert".
Bringen Sie ihm lieber einen Satz hartverchromter
Ringschlüssel mit...

Während Frauen sich darüber freuen, *daß* an sie gedacht
wird, freuen sich Männer darüber, *was/wie* über sie
gedacht wird. Deshalb geht es weniger um den eigent-
lichen Zweck des Geschenks als vielmehr um das Signal
„Ich verstehe Dich. Ich kenne Dich." Mit solchen
Signalen wird das Herz des Partners gewonnen; und das
Gefühl, daß Sie ideale/r Partner/in fürs Leben sein
könnten. Obwohl als Anhaltspunkt geeignet, funktioniert die Umkehrregel zur richtigen Geschenkfindung
leider <u>nicht</u> immer: *Alles, was Frauen nie-nie-niemals
schenken würden, finden Männer gut.*

18. Was Andere – nicht mögen

So viele verschiedene Menschen – und dennoch existieren Gemeinsamkeiten. Bestimmte Verhaltensweisen werden von nahezu jedem als unsympathisch oder negativ empfunden. Dazu gehören:

Ungefragte Begründungen: Diese wirken grundsätzlich verdächtig und negativ: „Kommst Du heute nacht mit zu mir? Ich meine, wenn ich es Dir jetzt nicht sage, werde ich mich nachher furchtbar ärgern...bla... bla...bla..." Besser direkt und schnörkellos: "Möchtest Du heute Nacht bei mir bleiben?" *Erzählen ohne sich zu fragen,* ob sein Gegenüber interessiert ist: Gespräche über Strickmuster oder über die neue Diät Ihrer Freundin treiben ihn schnell vor seinen Computer oder in die Stammkneipe. *Streiten um des Behauptens Willen:* Streitereien, die meist mit wiederholten und lautstarken „Nein!-Doch! Argumenten" enden. *Nach dem Munde reden:* „Ja mein Schatz, du hast ganz recht". Wer's zum zehnten Mal in Folge hört, flippt aus. *Die Mitleidstour,* auch *„fishing for compliments":* Von eigenen Problemen erzählen, um indirekt den anderen zu gewinnen. Damit wird dem Partner unter Umständen die ungewollte Rolle des „Ersatztherapeuten" aufgezwungen: „Du bist doch gar nicht dick." *Selbstzweifel durch Kritik an Dritten loswerden:* Nicht selten werden diejenigen Eigenschaften an Anderen kritisiert, die an sich selbst abgelehnt werden. Auch generell wird Kritik an Dritten selten gern gehört. Die Folgerung aus allen Punkten: Der Notwendigkeit zur totalen Ehrlichkeit vor sich selbst ist nicht zu entfliehen.

Teil 3

Sofortstart für
Heute, Morgen, Übermorgen...

19. Lieb und nett sein – reicht nicht

Viele Menschen, sicher die meisten, sind lieb und nett. Großtante Marie, Ihr Tankwart, der Supermarktleiter. Würden Sie deswegen mit einem von ihnen „zusammen" sein wollen? Sehen Sie. Und warum nicht? Weil diese Personen aus dem einen oder anderen Grund keinen Reiz für Sie besitzen, um eine nähere Beziehung in Betracht zu ziehen. Ihr Interesse für diese Menschen geht bis zu einem gewissen Punkt, aber nicht darüber hinaus – obwohl sie lieb und nett sind!

Damit Ihr/e Partner/in Sie als langjährigen Lebensgefährten sehen kann, muß er/sie stärkere Gefühle für Sie empfinden als die laue Sympathie, die man den Mitmenschen des Alltags entgegenbringt. Diese stärkeren Gefühle können durch vieles im täglichen Miteinander ausgelöst werden und hängen stark von ihren beiden Charakteren ab. Allgemein definiert verstärkt sich die emotionale Bindung zwischen Partnern immer dann, wenn ein ausgewogenes Verhältnis von Gemeinsamkeiten und Ungleichheiten vorliegt. Die „Ungemeinsamkeiten" sollten zu positiven und unerwarteten Überraschungen beim Gegenüber führen können. Negative Überraschungen sind, leicht einsichtig, wenig hilfreich.

Die richtige Balance zu finden zwischen gewährleisteter Sicherheit ohne absolute, „sichere" Sicherheit (zerstört jeden Reiz) und unerwarteten, „guten" Überraschungen ist ein kleines Kunststück. Perfekt zu sein gelingt nie. Doch bereits sich diesem Balanceakt bewußt zu sein, hilft sehr (siehe: Macht der eigenen Gedanken).

20. Falschen Stolz – vermeiden

Wer kennt diese Gedanken nicht: „Das hab ich doch nicht nötig!" „Was bildet der sich ein!" „Wo kommen wir denn da hin!" Immer handelt es sich dabei um eine gefühlte Ehr- oder Idealverletzung. In die gleiche Gedanken-Kategorie gehören:

- „Sie soll bloß nicht denken, ich laufe ihr nach."
- „Ich bin die Frau, und warte!"
- „Ausnutzen lasse ich mich nicht."
- „Mit der Liebe spielt man nicht."
- „Wenn sie wollte, hätte sie es mir schon gesagt."

Diese Art der Selbstplazierung ist tückisch, da sie oft vollständig blockierend für jede weitere vernünftige Kommunikation wirkt. Zu allen unangebrachten Gelegenheiten sollte solches Denken unbedingt vermieden werden.

Doch wann ist es unangebracht? Immer dann, wenn Denker/in damit *weniger* als ihre/seine *allerobersten* Lebensideale und -prinzipien schützt. Vorteilhaft in solchen Situationen ist, daß Sie selbst entscheiden können wieviel Sinn es macht, sich wegen einer tatsächlichen oder vermeintlichen Ungerechtigkeit auf eine Konfrontation oder auf stilles Warten einzulassen: Ist es klug, am Samstagmittag wegen des Abwaschs („Kommt nicht in Frage. Du bist dran!") den schönen Abend aufs Spiel zu setzen? Wer einlenken kann und bei kommender Gelegenheit für gerechten Ausgleich sorgt, der erntet bei vernünftigen Menschen neben Akzeptanz auch Achtung und Vertrauen.

21. Vertrauen ist – Verschwiegenheit

Was genau ist notwenig, um Geborgenheit zu erfahren, sich ihrer zu erfreuen und sicher sein zu können? Dazu ist Vertrauen notwenig. Vertrauen bedeutet unter anderem, daß in stiller oder bewußt besprochener Übereinstimmung mit ihm/ihr eine feste Grenze existiert, jenseits derer keine Interna über den Partner und die Beziehung nach außen dringen. Zu niemandem. Als Themen, die oft eine gewisse Sensibilität berühren, fallen zum Beispiel das Sexleben und die finanzielle Situation ein.

Die beste Freundin in alles, in wirklich alles aus Ihrer Beziehung einzuweihen oder mit ihr zu diskutieren kann sich daher negativ auswirken: Falls Ihr Partner einen Vertrauensbruch empfindet, wenn er/sie sich lächerlich gemacht oder preisgegeben fühlt, weil die persönlichen Tabuthemen nicht die vermutete Verschwiegenheit genießen – selbst die allerbesten Freunde/innen verplappern sich manchmal, obwohl hoch und heilig versprochen – und sie/er zufällig und ungewollt von diesen Indiskretionen erfährt, dann ist das Vertrauen in Sie unter Umständen erschüttert.

Seien Sie sich über diejenigen Dinge bewußt, die Ihr Partner nicht nach außen getragen haben möchte und seien Sie ihr/ihm ein zuverlässiger und konsequenter „Geheimnisträger". Ein hohes Maß an Vertrauen ist Grundvoraussetzung für jede Partnerschaft: Ohne Vertrauen schwindet das Gefühl der Geborgenheit.

22. Wenn Änderungen –
dann nur zum Positiven

Viele Menschen besitzen einen inneren Drang zu Konstanz (nicht unbedingt nach...☺). Sie fühlen sich dann wohl, wenn sie wissen was sie erwartet: Am Arbeitsplatz, in der Wohnung, beim Partner. Das Vertrauen darauf, nicht ständig auf unbekanntes Terrain zu geraten, ist ein starkes menschliches Verlangen: Hören Sie nur einmal zu, wieviel Menschen stolz erzählen, daß sie bereits zum 17. Mal im gleichen Urlaubshotel waren! Seien Sie daher Ihrem Partner ein zuverlässiger Anker in einer sich ohnehin ständig verändernden Welt: Von Ihnen initiierte Änderungen am gemeinschaftlichen Umfeld, an Ihrer Person usw. sollten möglichst positiv sein. Natürlich glaubt das jeder von seinen Ideen und Vorstellungen. Aber sieht das auch Ihr Partner so? Er/Sie sollte so selten wie möglich Grund haben zu denken „Als wir uns kennenlernten, hätte er/sie das so nicht gemacht...", „Was macht er/sie denn jetzt schon wieder..." Falls Sie aktiv Ihren Typ oder die gemeinsame Umgebung verändern möchten (Kleidungsstil, Frisur, Tapeten,...) oder wenn Sie eine ungewollte Veränderung bemerken (z. B. Gewichtszunahme): Versuchen Sie ausschließlich positive Änderungen zuzulassen. Vermeiden Sie Änderungen zum Negativen und diejenigen, die den Verdacht dazu erregen. Sie müssen nicht klüger, reicher, schöner werden – lediglich das „weniger" sollte vermieden werden. Besonders kritisch sind kurzfristige Änderungen, weil bei ihnen keine Chance auf sanfte Gewöhnung besteht.

23. Ungeduld – kann zerstören

...und Geduld kann zu tollen Belohnungen führen. Hier geht es weniger um das ständige, nervige Nachfragen nach Art eines Kleinkindes, sondern um die Vermeidung des absoluten Überraschungskillers: Das zeitlich völlig unpassende und destruktive Meckern. Während der Partner möglicherweise bereits alles in die Wege geleitet hat, um Ihnen in der nächsten Minute seine sorgfältig choreografierte Wunscherfüllung zu zelebrieren – was ihm übrigens außerordentlich gut gefällt, da er sich selbst als großzügig, liebevoll, einfallsreich etc. sehen kann – da platzen Sie herein und zerstören die sich aufbauende Atmosphäre. Das ist der „Schwingungskiller" schlechthin. Denken Sie immer daran: Er könnte Ihren Wunsch bereits im Kopf haben oder sogar ausführen – enttäuschen Sie ihn dabei nicht:

Die junge Verlobte wünschte sich sehnlichst ein eigenes Auto. Nach einiger Zeit kaufte ihr Partner ohne ihr Wissen einen kleinen Gebrauchtwagen und stellte ihn mit großer Schleife liebevoll geschmückt in die belebte Straße. Als die Frau aus dem Büro nach Hause kam maulte sie mißmutig: „Hast Du gesehen? Irgendjemand in der Nachbarschaft bekommt ein schönes Auto geschenkt – der oder die hat es gut..."

Auch wenn die Verlobte sich anschließend bestimmt sehr gefreut hat – die Freude ihres Partners hat sie möglicherweise zum Teil verdorben. Er war sicher auf eine freudige und herzliche Szene vorbereitet. Was könnte er nun wohl gedacht haben? Die Vermeidung solcher Ärger-Starter ist einfach und kostet nichts.

24. Verstehen, verstehen – und verstehen

...ist das A und O jeder guten Zusammenarbeit. Je besser sich die Partner verstehen, um so besser gelingt jede Form von gemeinsamen Vorhaben. Dabei bedeutet *Verstehen* nicht *Akzeptieren*. Es bedeutet auch nicht *kritisierend Hinnehmen*. Und sicher bedeutet es nicht *Ja und Amen* zu sagen. Verstehen heißt vielmehr, sich in die Lage und in die Mentalität seines Gegenübers hinein zu versetzen (zu wollen und zu können) und tatsächlich nachvollziehen zu können, weshalb er so oder so reagiert.

Erst mit dem Beherrschen dieser Verstehensfähigkeit können Vorschläge und Taktiken entwickelt werden, um zwei unterschiedliche Positionen auf einen für beide akzeptablen Nenner zu bringen. Wenn Sie sich bei Antworten und Reaktionen, die Ihnen nicht so gut gefallen angewöhnen, zunächst zu denken „Weshalb könnte sie/er das so sehen? Ob es vielleicht an _____ liegt? Mal fragen..." schlagen Sie mehrere Fliegen mit einer Klappe:

1: Die Kommunikation zwischen Ihnen beiden wird aufrecht erhalten
2: Sie signalisieren Interesse an seinen Standpunkten
3: Sie halten Ihr eigenes Denken zur jeweiligen Situation flexibel.

Vermeiden sollten Sie unbedingt "Warum will sie/er bloß wieder nicht...nie macht sie/er mir ein Freunde..." und ähnliches. Diese wenig konstruktiven Gedanken stören jede weitere Kommunikation und besitzen großes Potential, um aus einer leicht angespannten Situation eine sehr angespannte zu machen.

25. Den Partner verändern wollen?
Vergessen Sie´s!

Den Wunsch, Menschen verändern zu können, hegen viele: Werbemanager, Film- und echte Bösewichter, Politiker, Eltern von Teens – niemand davon war je besonders erfolgreich. Nicht einmal Mamas können die grundlegenden Eigenschaften ihrer Babies ändern. Ob kleine Rund-um-die-Uhr-Schreihälse, ruhige Immerschläfer, Daumenlutscher, Dauergrinser - Mama kann *so gut wie nichts* davon beeinflussen. Wer will da ernsthaft glauben, einen erwachsenen Menschen, geprägt durch lebenslange Erfahrungen, versehen mit eigenem Willen, dessen Herkunft die Hirnforschung bis heute nicht erklären kann, *ändern* zu können? Menschen sind nicht zu ändern. Einzige Ausnahme: Der Betreffende selbst will eine Änderung.

In einer Partnerschaft sind bewußte und unbewußte Arrangements über Kleinigkeiten möglich. Das ist alles. Größere, oder viele, Änderungen an der Persönlichkeit sind unmöglich. Falls sie „mit Gewalt" durchgesetzt werden, sind sie entweder von kurzer Dauer oder es werden Teile des betreffenden Menschen irreparabel zerstört (Gehirnwäsche). Sensible Naturen können bereits durch Drohungen wie „Wenn Du nicht dies oder jenes tust/erreichst, dann mache ich dies oder jenes" durchaus ernsthafte psychische Schäden davontragen.

Falls Sie mit mehreren Eigenarten Ihres Partners auf lange Sicht nicht klarkommen, dann sollten Sie ihre weiteren Pläne noch einmal überdenken: Aus einem rundlichen, bequemen, aber humorvollen Partner einen gertenschlanken Topmanager zu machen, das wird nix.

26. Kommunikation – hat 5 Sinne

Sehen, Sprechen, Hören, Fühlen, Riechen: Können Sie sich vorstellen, mit jedem einzelnen ihrer Sinne – jeweils nur einen benutzend – Ihrem Partner ein „Ich liebe Dich!" mitzuteilen?

Es geht tatsächlich. Dieses Senden und Empfangen in jedem „Frequenzbereich" funktioniert nicht nur zwischen Liebenden gut, bei denen allerdings ganz besonders ausgezeichnet. Versuchen Sie es einfach einmal untereinander (..Ihrem Obsthändler durch zärtliches Handauflegen die Apfelbestellung „durchzugeben" ist vielleicht keine so gute Idee).

Wichtig dabei ist: Zwar werden innerhalb einer guten Partnerschaft üblicherweise alle Sinne für die Reaktionen des Gegenübers mehr oder weniger automatisch wachgehalten, doch die Auswertung der eingehenden Eindrücke findet individuell sehr unterschiedlich statt. Um sich vor Fehlinterpretationen zu schützen, soll daher in die empfangenen Signale nicht zuviel hinein- oder herausgelesen werden. Nahe an der tatsächlichen Wahrnehmung zu bleiben ist wichtig – und manchmal schwierig. Besonders dann, wenn die Situation gar zu romantisch ist.

Als Kontrollinstanz zu jedem Zeitpunkt eignen sich die eigenen Reaktionen gut: Phantasien, Ideen, Assoziationen, Empfindungen und Gefühle können bewußt verfolgt werden nach dem Muster: „Was genau denke und fühle ich in dem Moment, in dem sie/er mir so tief in die Augen schaut?"

27. Loben – nicht tadeln

Die Mama aller Grundlagen des auskömmlichen Miteinanders heißt seit ewigen Zeiten: Extreme Zurückhaltung mit aller Art von (negativer) Kritik an anderen Personen. Jemanden kritisieren, ganz gleich ob berechtigt oder nicht, ist eine der sichersten Methoden, um in Anspannungen mit dieser Person zu geraten. Niemand will kritisiert werden – nicht einmal dann, wenn er selbst genau weiß, das es Grund dazu gibt. Obendrein ist Kritik auch ein wenig geeigneter Motivator: Kritisierte Menschen können schnell Desinteresse zeigen und wenden sich dann innerlich oder äußerlich ab.

Wenn also aus der Reihe der möglichen Reaktionen *Loben – Schweigen – Kritisieren* das Letztere entfällt, dann bleibt nur Loben und Schweigen übrig. Loben, wann immer möglich, gerade auch bei kleinen Vorkommnissen und vor allem, wann immer es einen *ehrlichen* Grund dafür gibt, gilt als einer der stärksten Human-Motivatoren überhaupt[2]. Im anderen Fall, wenn Ihnen irgend etwas total zuwider läuft und auch mit viel Mühe nicht zu verstehen ist, dann versuchen Sie doch einfach still zu sein. Sagen Sie gar nichts oder wechseln Sie sogar das Thema, falls sie/er partout ihren Kommentar hören möchte. Sie können sicher sein: Sie/Er wird merken, das, und was, hier nicht stimmt – und dabei viel eher zum Überdenken bereit sein, als es jede andere Reaktion von Ihnen je erreichen könnte.

---

[2] Bei manchen Anschnall-Kontrollen in den USA erhalten gurttragende Autofahrer als Belohnung McDonalds-Gutscheine von der Polizei!

28. Unbewußte Abneigungen –
erkennen und teilen

Bewußte Abneigungen sind jedem selbst und meistens auch dem Partner bekannt. Sie werden in Partnerschaften regelmäßig geteilt. Doch was geschieht eigentlich mit den unbewußten und unbekannten Abneigungen? Wie kann man überhaupt davon erfahren – wo sie doch unbewußt sind? Es gibt eine relativ einfache Methode, um hinter einige der verborgenen Abneigungen Ihres Partners zu kommen: Jeder Mensch setzt sich von frühester Kindheit an in zunehmendem Maß von seinen Eltern ab: Die Nein-Phase von Kleinkindern, die Aufstandsphase in der Pubertät und die Erfahrung, daß erwachsene Kinder sagen „So wie meine Eltern möchte ich in dieser Hinsicht nicht werden" kennt fast jeder.

Mit (unbeteiligter) Hilfe der Eltern Ihres Partners können Sie erfahren, was sie/er entweder nicht sagen möchte, oder nicht sagen kann, weil sie/er es selbst nicht weiß. Wie geht das? Früher hieß es zu jungen Männern „Schau Dir die Mutter an und Du weißt, wie Deine Freundin werden wird!"

Drehen Sie einfach den Spieß herum und schauen Sie auf die vielen Alltäglichkeiten bei den Eltern Ihres Partners. Durch aufmerksames Beobachten werden Sie bald bemerken, was genau aus ihrem/seinem Elternhaus sie/er nie wiederholt oder ohne besondere Begründung sogar vehement ablehnt: Bei diesen Dingen handelt es sich um unbewußte Abneigungen. Wenn Sie sich diese Besonderheiten merken und auch in Ihrer eigenen Beziehung vermeiden, dann gewinnt der Satz „Wissen ist Macht" für Sie eine neue Bedeutung.

29. Sich retten lassen – ist schön

So gut wie alle Männer besitzen einen starken Rettungs- und Beschützerinstinkt Frauen und Kindern gegenüber. Und viele Frauen besitzen einen starken Drang, zu helfen und zur Seite zu stehen. Im Gegensatz zu viel früheren Zeiten werden diese Instinkte in unserer sogenannten modernen Epoche jedoch weniger benötigt. Durch diesen „Aufstau" erklärt es sich zum Beispiel, weshalb Väter manchmal bereits bei kleinen – echten oder vermeintlichen – Ungerechtigkeiten unverhältnismäßig energisch aus der Haut fahren, etwa wenn Sohn oder Tochter vom Lehrer ein wenig kritisiert wird. Versuchen Sie, diesen Instinkten eine Berechtigung zu sein indem sie benötigt werden. Gelingt Ihnen das glaubwürdig, dann werden Sie Ihre/n Angebetete/n nahezu garantiert nicht mehr los:

Die kleine unbedeutende Schnittwunde am Finger wird ab sofort nicht mehr selbst mit schnellem Pflaster versorgt, sondern Partner wird „zu Hilfe" gerufen – und sie/er wird Sie mehr als lieben. „Notfälle" dieser Art gibt es genug, und sie beschränken sich selbstverständlich nicht auf die körperliche Erste Hilfe. Sehr wichtig ist in jedem Einzelfall der Begriff „glaubwürdig": Inszenieren Sie nicht. Nutzen Sie nicht aus. Halten Sie sich lediglich bei echten Ausrutschern etwas mehr von der Selbsthilfe zurück. Daraus ergibt sich automatisch, daß diese Ereignisse nicht allzu häufig auftreten (falls Sie nicht zu denjenigen Menschen gehören, die ein wenig tolpatschig auf die Welt gekommen sind). Sie oder Er wird Sie mehr als lieben.

30. Beharren ist gut –
auf freundliche Atmosphäre

Ständige Harmonie ist langweilig. Und außerdem verdächtig. Weil Menschen so verschiedenartig sind, ist es schon statistisch nahezu unmöglich, über lange Zeit ohne Meinungsverschiedenheit zusammen zu leben. Tritt dennoch „unendliche Harmonie" auf, sollte der Sache bald auf den Grund gegangen werden: Es könnten gefährliche Blindgänger im Vorhof der Ehe herumliegen, die irgendwann explodieren. Bei solchen Explosionen wird oft alles „Versäumte" nachgeholt und entsprechend massiv sind dann die Konsequenzen.

Aus diesem Grund garantiert permanente Harmonie keineswegs eine lange und problemfreie Partnerschaft. Sie deutet eher auf Probleme bei der Konfliktbewältigung bei einem oder beiden Partnern hin. „Vernünftige" Auseinandersetzungen besitzen eine wichtige ausgleichende und anpassende Funktion in der Partnerschaft. Als Optimum gilt freundliches Streiten mit einem absehbaren Ende: Streiten ja, zerstreiten – niemals! Dazu ist es wichtig, das Sie:

1. Positiv formulieren
2. Sachlich bleiben, nicht persönlich werden
3. Wenn überhaupt, dann konstruktiv, nicht destruktiv kritisieren. Also nicht: „Du bist ja stinkfaul, immer muß ich alles alleine machen...", sondern besser: „Hm, na gut, vielleicht hätte ich nach dem Büro auch keine Lust auf Hausarbeit. Was hälst Du davon, in Zukunft bei _____ zu helfen ? "
4. Bewußte psychische Verletzungen unbedingt vermeiden. Diese untergraben das Selbstwertgefühl des Partners und sind nur sehr schwer wieder gut oder vergessen zu machen.

Teil 4

Die fünf wesentlichen Charaktertypen

Um Menschen besser verstehen und auf sie eingehen zu können ist es unerläßlich, sie zu einem gewissen Grad zu kennen und einzuschätzen. Die folgenden, absichtlich nur gering detaillierten Typisierungen liefern Ihnen hierfür einige Anhaltspunkte. Bitte behalten Sie beim Lesen stets im Sinn, daß kein Mensch jemals exakt einem der aufgeführten Charakterbilder entspricht: Es kommt lediglich auf die tendenzielle Information an.

Charaktertyp A

Positiv Ausgeprägte sind/haben:

Intensive Gefühle, ernstnehmend, rücksichtsvoll, sensibel, geringe Ansprüche. Sie belasten sich selbst nicht, sind regelmäßig bescheiden und fähig, die Qualitäten ihrer Mitmenschen zu erkennen und anzuerkennen. Kleine Dinge erfreuen sie. Sie kämpfen selten gegen oder um jemanden oder etwas, sind geduldig und tolerant und geben anderen Menschen Freiheiten.

Wenn diese Beschreibung auf Ihren Partner zutrifft: Sie können mit ihm sehr schöne Unterhaltungen über das Leben, die Liebe und die Kunst führen. Es kann jedoch schwer sein, die Kurve zum Thema „lange und feste Beziehung" zu kriegen. Oft werden Sie selbst aktiv beginnen müssen.

Negativ Ausgeprägte sind/haben:

Weinerlich, zurückweichend, selbstmitleidig. Fehler und Mißerfolge sind klar bewußt, Erfolge und Qualitäten unwichtig, geradezu unwürdig. Sie leiden still und klagen anschließend endlos bei Freunden oder Eltern. Tatsächliche Ereignisse sind weniger wichtig als graue Gedanken darüber. Es ist nicht einfach zu erkennen, wann sie wiedereinmal tief verletzt wurden.

Wenn diese Beschreibung auf Ihren Partner zutrifft: Widersprechen Sie nicht, lassen Sie ihn jammern und tanzen Sie lieber mit ihm statt zu sprechen. Wenn das nicht hilft: Setzen Sie eins drauf und steigern sich bis er sich endlich wehrt - oder selbst lachen muß. Ein größeres Maß an Ausdauer ist wahrscheinlich nötig.

Charaktertyp B

Positiv Ausgeprägte sind/haben:

Vorsichtig, sich schützend, langsam. Sie rennen keine Türen ein und treten nicht in Fettnäpfe. Sie verlieren sich nicht, übernehmen sich nicht, sind wenig nachtragend. Es bleibt Raum und Zeit für die kleinen Schritte, die sie genießen können.

Wenn diese Beschreibung auf Ihren Partner zutrifft, dann haben Sie gute bis sehr gute Chancen mit Ihrem Ziel. Besonders dann, wenn Sie ganz allgemein gerne träumen, Zeit brauchen und nicht alles sofort geschehen muß, ist dieser Charaktertyp der ideale Partner.

Negativ Ausgeprägte sind/haben:

Angstvoll, schüchtern, zurückgezogen. Diese Menschen verwickeln Freunde in endlose Gespräche, was alles passieren müßte, damit sie sich trauen würden. Dabei sind die „Gefahren" vielfältig und wechselnd. Sie können stundenlang spekulieren, was Ihr Gegenüber gemeint haben könnte und stellen den Anspruch, sich nur bei totaler Sicherheit auf irgend etwas einzulassen. Sie leiden oft, daß wiedereinmal eine Chance verpaßt wurde. Dann nehmen Sie sich vor „...beim nächsten Mal auf jeden Fall..." weichen aber wieder zurück – um sich bald neuerlich über sich selbst zu ärgern.

Wenn diese Beschreibung auf Ihren Partner zutrifft, müssen Sie ihn aus sich selbst herauszerren, denn freiwillig wird er nicht kommen. Ignorieren Sie einfach seine Angst und geben ihm einen Kuß.

Charaktertyp C

Positiv Ausgeprägte sind/haben:

Lebendig, bunt, interessant. Sie sind großzügig, ohne Vorurteile, schnell und direkt. Sie stehen mitten im Leben und genießen dabei die Einstellung „Leben und Leben lassen." Auf Gesellschaften sind sie gefürchtete und beliebte Teilnehmer, da sie immer irgendwie für Durcheinander sorgen, dabei allerdings oft Grund für interessante Gespräche liefern.

Wenn diese Beschreibung auf Ihren Partner zutrifft werden Sie möglicherweise ein kleines Problem mit der aktiven Überzeugung haben: Nicht zu sehr drängen, in Extremfällen vielleicht sogar Abwarten bis er von selbst kommt und bis dahin das Leben genießen, könnte der beste Rat sein.

Negativ Ausgeprägte sind/haben:

Durcheinander, unkritisch, unvorsichtig. Diese Menschen beugen sich sehr weit vor, sind bei genauem Hinsehen oft widersprüchlich und sprunghaft und es kommt nicht selten vor, daß nicht gehalten wird was versprochen wurde.

Wenn diese Beschreibung auf Ihren Partner zutrifft, sollten Sie starke Nerven und ein hohes Maß an innerer Unabhängigkeit besitzen. Sie sollten nicht allzuviel seiner Standpunkte und Pläne ernst nehmen und bei Absagen sowie nicht eingehaltenen Zusagen nicht eingeschnappt sein. Möglicherweise sehen Sie sich ab einem bestimmten Zeitpunkt in der notgedrungenen Lage, klarmachen zu müssen „Bis hierher, und nicht weiter."

Charaktertyp D

Positiv Ausgeprägte sind/haben:

Langsam, zuverlässig, ruhig, sorgfältig, aufmerksam. Neues, zumal wenn mit irgendwelchen (auch kleinen) Risiken bedacht, wird en detail unter die Lupe genommen, bevor ein Urteil oder gar ein Einverständnis gegeben wird.

Wenn diese Beschreibung auf Ihren Partner zutrifft, fahren Sie mit ihm Go-Kart oder gehen Fallschirmspringen, bevorzugen Sie schnelle Tänze und volle Lokale – kurz: Machen Sie ein wenig Action. Fordern Sie ihn heraus ohne ihn zu überfordern. Wenn Sie es richtig machen, wird er nach einer gewissen Eingewöhnungszeit viel Spaß dabei haben und Ihnen dankbar sein.

Negativ Ausgeprägte sind/haben:

Pedantisch, leblos, einengend. Vorträge über korrekte Begrüßungen halten sie für sexy. Die Langeweile der Zuhörer gilt als Aufforderung, den Vortrag auszudehnen. Als Eifersüchtige sind sie eine Qual, weil sie ohne ein Ende zu finden Belege für das Fehlverhalten des Partners erstellen, sammeln und auf eine „korrekte Buße" bestehen.

Wenn diese Beschreibung auf Ihren Partner zutrifft: Pfeifen Sie drauf! Versuchen Sie es mit nichternstem Provozieren, lieben Sie souveränes Pfuschen, geben Sie sich ineffizient und unlogisch. Damit geht sein „Spiel" nicht auf und die Geschichte kann mit einem Happy End in lockerer Atmosphäre enden.

Charaktertyp E

Positiv Ausgeprägte sind/haben:

Mutig, temperamentvoll, kreativ, immer für eine Überraschung gut und meist gut gelaunt. Hier handelt es sich um sehr aktive Menschen, wenn auch nicht immer tatsächlich so lustig, wie sie scheinen.

Wenn diese Beschreibung auf Ihren Partner zutrifft, dann wird es Ihnen leichtgemacht, neue Ideen und Vorschläge an- und durchzubringen. Ein realistisches Risiko besteht darin, daß es im weiteren Verlauf der Partnerschaft geschehen kann, daß Sie die eigene Initiative verlieren und tendenziell passiv werden. Falls solch eine Entwicklung bemerkt wird, hilft nur die sofortige „Abgrenzung" gekoppelt mit einem gelegentlichen Nein: So ziemlich der einzige Fall im Leben, wo ein „Nein aus Prinzip" seine Berechtigung haben kann.

Negativ Ausgeprägte sind/haben:

Überdreht, maßlos, unangemessen: Ihre Geschenke sind zu groß, ihre Komplimente übertrieben, das Gedicht zum Geburtstag zu lang. Weil sie oft und gern denken, nur sie allein kennen die volle Wahrheit, können einmal erlangte Überzeugungen nur sehr schwer widerlegt werden.

Wenn diese Beschreibung auf Ihren Partner zutrifft benötigen Sie ziemlich viel Toleranz für übertriebenes Verhalten, eine sehr große Überzeugungskraft und nicht zuletzt Durchhaltevermögen für die Abwehr von Vermutungen Dritter, Ihr Partner sei ein großer Angeber.

Verlags
Programm
(Broschüre)

Erhältlich bei

amazon.de

libri.de

sowie im klassischen Buchhandel

Unsere Bestseller und Neuheiten

ALLEIN GELASSEN ?
DIE EXLIEBE WIEDERGEWINNEN.

Wenn die Liebe zur Tür hinaus ist und alles nach lebenslangem Novemberwetter ausschaut, dann regiert die Sehnsucht pur: So schön wäre es, wieder von ihm/ihr in den Arm genommen zu werden. Dieser Ratgeber enthält eine ausführliche Schritt-für-Schritt Anleitung für Ihren möglichen Anfang vom Happy-End: Leicht verständlich sind mehrere Psychologieprinzipien zusammengefaßt, um Ihrer Ex-Liebe das „Ex" sanft aus der Hand zu nehmen. *4. Auflage 2010* · 12 x 19 cm · Euro 7,90 · ISBN 978-3-8311-1825-0. Auch in 2 erweit. Ausgaben erhältlich (s. nächste Seite).

VERBRAUCHER-WARNUNG:
KAUFEN SIE KEIN ELEKTRO-AUTO.

Ob als Vollelektroversion oder sogenannter Hybrid – Elektroautos werden über den grünen Klee gelobt. Allerdings nur von den Herstellern, die ihre Produkte verständlicherweise verkaufen wollen, und von Meinungs- und Politikmachern, die häufig über Dinge reden und schreiben, in die sie wenig Einblick besitzen. Wie sieht es wirklich aus mit der Gebrauchsfähigkeit, den Kosten und der Gefährlichkeit von E-Autos? Die Antworten fallen verheerend aus, so daß der Rat an Kaufinteressenten nur lauten kann: Sehen Sie von einem Kauf ab, wenn Sie sich nicht viel Ärger, Enttäuschungen und Kosten einhandeln wollen. 2010 · DIN A5 · Euro 9,95 · ISBN 978-3-8391-6373-3. Auch als englische Ausgabe erhältlich.

AUSWANDERN. DIE WICHTIGSTEN SCHRITTE.

Wer hat nicht schon einmal daran gedacht: In einem anderen Land leben. Entweder regelmäßig für ein paar Monate, oder gleich ganz: Tropisches Meer oder alpine Berge genießen. Freier und freundlicher seine Tage verbringen, vielleicht sogar kostengünstiger. Doch wie geht das überhaupt - Auswandern ? In diesem Ratgeber werden die wichtigsten Schritte jeder Auswanderung beschrieben: Was sind die Grundvoraussetzungen ? Wie wird die Abreise und Ankunft geschickt vorbereitet ? Und was müssen die ersten Schritte im Wunschland sein ? 2010 · DIN A5 · Euro 8,95 · ISBN 978-3-8391-2273-0

ALLEIN GELASSEN ? DIE EXLIEBE WIEDER-
GEWINNEN . . . UND ZUSAMMENBLEIBEN!

Zusätzlich zur ausführlichen Schritt-für-Schritt Anleitung aus dem bekannten Titel „Allein gelassen ? Die Exliebe wiedergewinnen" enthält dieser Ratgeber genaue Erläuterungen, wie aus Ihrer wiederhergestellten Beziehung eine dauernde Partnerschaft wird: Mehr als 25 konkrete Einzelratschläge zum täglichen Zusammensein unterstützen Sie, ein langes und glückliches Leben zu zweit aufzubauen. *2. Auflage 2009* • 12 x 19 cm • Euro 11,90 • ISBN 978-3-8330-0692-0. Kurzausgabe: **Allein gelassen? Die Exliebe wiedergewinnen...und die 10 wichtigsten Tips zum Zusammenbleiben!** 2008 • Euro 9,90 • ISBN 978-3-8370-6876-4

DEUTSCHER PATENTSCHUTZ FÜR 40 EURO.
WIE IHRE KLEINEN IDEEN & ERFINDUNGEN GROSSES GELD VERDIENEN.

Irgendwann hat jeder eine gute Produktidee. Doch Gelderfolg stellt sich selten ein, weil wertvolles geistiges Eigentum ungeschützt bleibt: „..Zu kompliziert, zu teuer." lautet meist die Begründung. Dabei ist amtl. deutscher Patentschutz bereits für 40 Euro erhältlich: Bis zu 10 Jahre lang, und ohne Anwaltszwang. Hier wird das offizielle Patentamts-Verfahren samt dem einfachen Antrag leichtverständlich vorgestellt. *2. akt. Auflage 2009* • DIN A5 • Euro 7,95 • ISBN 978-3-8334-2638-4. Auch als englische Ausgabe erhältlich.

DER RICHTIGE LIZENZVERTRAG
FÜR PATENT-INHABER UND ERFINDER.

In „Deutscher Patentschutz für 40 Euro" wird gezeigt, wie gute Ideen kostengünstig beim Deutschen Patentamt geschützt werden. Doch wie erhält man dann einen Lizenzvertrag ? Und was gehört hinein ? Hier wird ein echter Vertrag zwischen Erfinder und Produktionsunternehmen Punkt für Punkt vorgestellt und erläutert. So erhalten Sie wertvolle Unterstützung, um bares Geld zu sparen und zu verdienen: Bei Lizenzgebühren, Anwaltsauslagen und durch Erinnerung an Vertragsrisiken, an die nicht jeder denkt. 2009 • DIN A5 • Euro 9,95 • ISBN 978-3-8370-8867-0

WEGZIEHEN IN DIE USA.
DAS WICHTIGSTE ZU VISA, WOHNUNG, ARBEIT, AUTO, FINANZEN.

Die USA sind Top-Einwanderungsziel unserer Erde. Dieser Ratgeber ist die Basis für den ersten Schritt in das Land der unbegrenzten Möglichkeiten. Konkret wird der Leser über die wichtigsten Fragen informiert: Visaarten, Kauf und Miete von Wohnung und Haus, Stellensuche, Selbstständigkeit, Autokauf und Finanzen werden zu einem günstigen Preis nahegebracht. *2. akt. Auflage 2010* • DIN A5 • Euro 7,95 • ISBN 978-3-8311-4048-0.

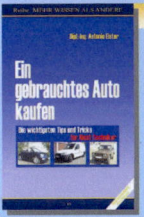

EIN GEBRAUCHTES AUTO KAUFEN.
DIE WICHTIGSTEN TIPS & TRICKS FÜR NICHT-TECHNIKER.

Auf dem Privatmarkt gibt es häufig bessere und günstigere Angebote als beim Händler – wenn man sich nur ein wenig auskennt. Aber wie finden Sie die guten Angebote unter den zahlreichen fragwürdigen? Hier erfahren die Leser wichtige Tips & Tricks vom Diplom-Ingenieur und können viel Geld sparen: 1. Welche Anzeigen Sie besser nicht anrufen. 2. Wie Sie geschickt mit dem Verkäufer umgehen. 3. Wie Sie versteckte Mängel entdecken. *2. akt. Auflage 2010* • DIN A5 • Euro 7,95 • ISBN 978-3-8334-9079-8

MÄNNER ZUM HEIRATEN VERFÜHREN.
40 DO'S & DON'TS.

Heiraten – für viele Frauen das romantischste Ziel einer guten Partnerschaft auf ihrem Weg zur besten. Doch falls „der Beste von allen" noch nicht so recht überzeugt ist, oder die Beziehung noch etwas Feinschliff benötigt, dann hilft dieser Ratgeber der modernen Frau. In 40 Einzelpunkten erfährt die Leserin leicht verständliches und einfach anzuwendendes psychologisches Wissen, um in seinem Kopf die Hochzeitsgedanken hüpfen zu lassen. 2003 · 12 x 19 cm · Euro 8,90 · ISBN 978-3-8311-4235-4

FLORIDA FÜR EINWANDERER.

Sonne, Palmen und Meer – damit ist für die meisten Menschen Florida, der tropische Bundesstaat der USA, beschrieben. Doch wer dort länger leben möchte als 2 Wochen, wer vielleicht gar Resident sein möchte, dem nutzt das typische Urlaubswissen nur wenig. In diesem Ratgeber wird Florida für Einwanderer beschrieben: Seine Geographie, das Klima, die Wirtschaft und Politik. Danach erfahren Sie alles Nötige über das Wohnen, Arbeiten, die Steuern und vieles mehr aus erster Hand. 2009 · DIN A5 · Euro 9,95 · ISBN 978-3-8370-8866-3

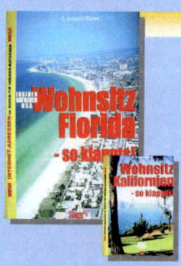

WOHNSITZ FLORIDA - SO KLAPPTS !

Um sich in den USA erfolgreich niederzulassen, sei es zeitweilig oder permanent, ist viel amerikanisches Know-how notwendig. Die Wohnsitz-Ratgeber über Florida und Kalifornien sind umfassende, detaillierte Handbücher zum jeweiligen US-Bundesstaat: Visamöglichkeiten, Hauskauf, Autokauf, Steuern, Stellensuche - kurz, das komplette Gewusst-Wie zum Leben genießen in den USA erfährt der Leser aus erster Hand. Ebenso enthalten sind viele ausgewählte Tips, Anschriften und Internetadressen, wie sie nur die Praxis liefern kann. **Florida:** 2000 · DIN A5 · Euro 15,29 · ISBN 978-3-89811-216-1 **Kalifornien:** 2000 · DIN A5 · Euro 15,29 · ISBN 978-3-8981-1332-8

100 VERBLÜFFENDE AUTOGEHEIMNISSE.

Nur wenige Menschen ahnen, welche verblüffenden Geheimnisse die erfolgreichste Maschine der Erde verbirgt. In diesem Buch wird erstaunliches Auto-Wissen leicht verständlich vorgestellt. Wer sich nicht sicher ist, wieviel PS ein Pferd hat, wie ein Kühler in 5 Minuten selbst repariert wird, ob die „James-Bond-Wende" wirklich funktioniert, daß Autos viel grüner sind als ICE-Züge...und weitere 96 Tatsachen wissen möchte, die üblicherweise Kfz-Ingenieuren vorbehalten bleiben – der erfährt hier weithin unbekannte Eigenschaften unserer Autos. 2002 · DIN A5 · Euro 15,90 · ISBN 978-3-8311-1826-7

FRAUEN ZUM HEIRATEN VERFÜHREN.

Heiraten – das höchste Ziel einer guten Partnerschaft auf ihrem Weg zur besten. Doch wenn „die Beste von allen" noch nicht so recht überzeugt ist, dann hilft dieser Ratgeber dem modernen Mann: Für zahlreiche Alltagssituationen erfährt der Leser leicht verständliches und einfach anzuwendendes, psychologisches Know-How, um in ihrem Kopf die Hochzeitsgedanken hüpfen zu lassen: So schön kann Zweisamkeit werden. 2010 · 12 x 19 cm · Euro 8,90 · ISBN 978-3-8391-1885-6

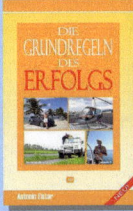

DIE GRUNDREGELN DES ERFOLGS.
SO WERDEN SIE ERFOLGREICH.

Ob in der Partnerschaft, im Beruf oder beim Kontostand – erfolgreich werden Menschen überall in der Welt auf ähnliche Weise, weil alle Menschen einer ähnlichen Psychologie folgen. In diesem Ratgeber erfahren Sie die Grundregeln jedes Erfolges. So können Sie ab sofort die richtigen Entscheidungen in Ihrem Leben treffen. Denn es ist Ihres, und Sie haben nur eines. Nur Sie allein bestimmen Ihre Ziele, und ob Sie diese Ziele erreichen. 2010 • 12 x 19 cm • Euro 9,95 • ISBN 978-3-8391-2049-1

AUSWANDERN. DIE MENSCHLICHE SEITE.

Hier wird die menschliche, die emotionelle Seite einer Auswanderung geschildert: Warum und wieso eigentlich weg aus Deutschland ? Wie steht der Partner dazu ? Und was wird aus der Beziehung in der Ferne ? Die Erlebnisse eines jungen Paares aus Deutschland – erst ins entfernte Neuseeland, dann in die USA – faszinieren und machen gleichzeitig nachdenklich: Erst innig liebend, dann plötzlich allein und verlassen, und schließlich 2 neue »Love Birds« in einem traumhaften Leben: Wer nicht aufgibt, erreicht seine Ziele. 2010 • 12 x 19 cm • Euro 9,95 • ISBN 978-3-8370-9291-2

BEVOR ES ZU SPÄT IST - DIE TRENNUNG VERHINDERN.

Wenn zu spüren ist, daß die Liebe zur Tür hinaus will, dann ist es höchste Zeit zu reagieren. Doch wie könnte die Beziehung noch gerettet werden ? Hier erfahren Sie mehr als 30 wertvolle Tips aus der praktischen Psychologie, damit Ihr Partner seine Trennungsgedanken noch einmal überdenkt. Bevor es zu spät ist, können Sie mithilfe dieses Ratgebers einen fundierten Rettungsversuch für Ihre Beziehung unternehmen. Gleichzeitig legen Sie die Grundsteine für eine lange und glückliche Beziehung – gerade jetzt, wenn es so gar nicht danach ausschaut. 2009 • 12 x 19 cm • Euro 8,95 • ISBN 978-3-8370-8865-6

TIPS&TRICKS ZU GREENCARD UND B-VISA.

Die USA sind Top-Einwanderungsziel unserer Erde. Dieser Ratgeber informiert alle Menschen, die sich zeitweise oder permanent dort niederlassen möchten über die beiden gängigsten Visaformen. Er erklärt die Unterschiede zwischen GreenCard und B1/B2 Visum, und worauf es bei den amerikanischen Behörden bei der Beantragung ankommt. 2000 • DIN A5 • Euro 6,60 • ISBN 978-3-89811-159-1

DICK SEIN ? NEIN DANKE !

Schlank werden und sein – für viele Menschen ein Dauerthema. Dabei ist Abnehmen viel einfacher als viele glauben: Jeder Körper kann auf ein frei gewähltes Wunschgewicht "eingestellt" werden. Leichtverständliche Kenntnisse reichen aus, denn die mächtige MMF-Regel macht es möglich: Schöner, gesünder und sogar kostengünstiger leben, kurz: Endlich glücklich sein. Hier erfahren Sie das Grundgesetz jedes Schlankseins. Ohne Kosten zum Sofortstart geeignet. 2010 • 12 x 19 cm • Euro 8,95 • ISBN 978-3-8391-0921-2

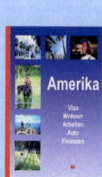

▶ Alltag graut — Yachtbesitz bräunt.

„Durchschnitts-Landratte wird Schiffsbesitzer" - wer hat davon noch nicht geträumt? Hier ist der Beweis, daß wirklich jeder Mann und jede Frau ein neues Leben beginnen kann. Spannend und unterhaltsam werden die Erlebnisse eines völlig boots-unerfahrenen Menschen aus Deutschland erzählt – auf seinem Weg zum süßen, unbeschwerten Leben auf der eigenen Yacht in Florida: Ab sofort ist jedes Jahr das beste Jahr. 2000 • 12 x 19 cm • Euro 12,74 • ISBN 978-3-8981-1334-2

▶ Amerika: Visa • Wohnen • Arbeiten • Auto • Finanzen.

Aufbauend auf „Wegziehen in die USA" liefert dieser Ratgeber noch detailliertere USA-Informationen, die weit über das übliche Urlaubswissen hinausgehen: Visaformen, Hauskauf und Anmietung, Stellensuche, Firmengründung, Autokauf, Führerscheine, Banken und Steuern. 2001 • DIN A4 • Euro 9,95 • ISBN 978-3-8311-1922-6

▶ Tipps & Tricks für Autofahrer.

Praktisches Auto Know-How spart Geld im Alltag, hilft weiter und macht Spaß – besonders, wenn es sogar manchem Automechaniker unbekannt ist: Hier werden verblüffende Tips & Tricks rund um das Auto vorgestellt, die jeder Mann und jede Frau anwenden kann. So wird das Konto bei Reparaturen und beim Gebrauchtwagenkauf geschont, und der Leser weist sich bei Freunden und Bekannten als gewiefter Fachmann aus. 2004 • DIN A5 • Euro 5,95 • ISBN 978-3-8334-0764-2

▶ Hexen heute erkennen.

Viele Menschen wissen intuitiv: In unserer Welt existieren Kenntnisse und Fähigkeiten, die den Wissenschaften verborgen bleiben, und von denen nur wenige zu träumen wagen. Wirkliche Hexen sind unter uns. Daß die klugen Zauberinnen, zu unrecht oft als „böse" abgestempelt, heutzutage nicht als alte Frauen mit schwarzer Katze auftreten, ist vielen klar. Doch wie sind sie dann auszumachen? Und sollte man das überhaupt versuchen? 2005 • 12 x 19 cm • Euro 8,90 • ISBN 978-3-8334-3192-0

▶ Land in Feindeshand — Deutschland wird sozialistisch.

Viele Anzeichen der deutschen und europäischen Politik geben Anlaß zu Sorge: Um die persönliche Freiheit, um persönliches Eigentum und um die kommende Generation. Zeichen totalitärer Prinzipien und Denkweisen verstärken sich. Zieht schon wieder der häßliche und latent kriminelle Sozialismus auf? 2003 • 12 x 19 cm • Euro 9,90 • ISBN 978-3-8330-0485-8

▶ Tanken für 0,99 (DM).

Für alle Dieselfahrer und an Technik interessierte Menschen: Dieselmotoren sind Mehrstoffmaschinen, die mit verschiedenen Kraftstoffen zuverlässig arbeiten. Wie und wo das eigene Diesel-Fahrzeug mit VEGA 9010, dem günstigen, überall erhältlichen und umweltfreundlichen Spar-Kraftstoff betankt wird, das beschreibt dieser Ratgeber. Ohne Umbaukosten! 2001 • 12 x 19 cm • Euro 9,95 • ISBN 978-3-8311-2173-1